Rosa Luxemburg

Tony Cliff

Rosa Luxemburg

★
ISTPART

1º edición: Rosa Luxemburg, 1959
© de la traducción: En Lucha
© de esta edición: Círculo de Cultura Socialista
Edita: Editorial Doble J
C/ Brasil 11, 2º i
41013 Sevilla, España
editorialdoblej@editorialdoblej.com
ISBN: 978-84-96875-59-3

Índice

Introducción a la primera edición inglesa

El 15 de enero de 1919 el culatazo de rifle de un soldado destrozó el cráneo de Rosa Luxemburg, luchadora, pensadora y genio revolucionario. Personificación de la unidad entre la teoría y la práctica, la vida y la obra de Rosa Luxemburg requieren una descripción tanto de sus actividades como de su pensamiento: ellos son inseparables. No obstante, dentro del marco de un folleto, no podemos hacer justicia a ambos. Para evitar nadar entre dos aguas, este ensayo se concentra principalmente en la doctrina de Rosa Luxemburg ya que ésta contiene su permanente contribución al movimiento internacional socialista.

Una socialista científica, como Rosa Luxemburg, cuyo lema fue "dudar de todo", no podría haber deseado nada mejor que una evaluación crítica de su propio trabajo. Con ese espíritu de admiración y de crítica ha sido escrito este ensayo.

Tony Cliff, mayo 1959

FUENTES

Libros de Rosa Luxemburg

"Sozialreform oder Revolution?", traducido como "¿Reformismo o revolución?" en *Rosa Luxemburgo, Obras escogidas*, Madrid, 1978, Vol 1, pp41-107. RR

"Huelga de masas, partido y sindicatos", en *Rosa Luxemburgo Obras escogidas*, Madrid, 1978, Vol 1, pp133-202. HM

"Problemas de organización de la socialdemocracia rusa", en *Rosa Luxemburgo Obras escogidas*, Madrid, 1978, Vol 1, pp111-130. PO

"Folleto Junius (La crisis de la socialdemocracia)", en *Rosa Luxemburgo Obras escogidas*, Madrid, 1978, Vol 2, pp11-108. FJ

"La revolución rusa", en *Rosa Luxemburgo Obras escogidas*, Madrid, 1978, Vol 2, pp115-148. LR

"¿Qué se propone la Liga Espartaco?", en *Rosa Luxemburgo Obras escogidas*, Madrid, 1978, Vol 2, pp151-161. QP

Ausgewählte Reden und Schriften, (*Discursos y escritos escogidos*), 2 tomos, Berlín, 1955 AR

Gesammelte Werke, (*Obras completas*), tomos 3, 4 y 6, Berlín, 1923-28 GW

Neue Zeit órgano teórico del Partido Socialdemócrata Alemán NZ

II

Capítulo 1 Esbozo Biográfico

Rosa Luxemburg nació en la pequeña población polaca de Zamosc, el 5 de marzo de 1871. Desde muy joven fue activista del movimiento socialista. Se unió a un partido revolucionario llamado Proletariat, fundado en 1882, alrededor de 21 años antes de que se fundara el Partido Social Demócrata Ruso (bolcheviques y mencheviques).

Proletariat estuvo desde sus comienzos, tanto en principios como en programa, señaladamente adelantado con respecto al movimiento revolucionario en Rusia. Mientras el movimiento revolucionario ruso estaba todavía restringido a actos de terrorismo individual llevados a cabo por una heroica minoría de intelectuales, Proletariat organizaba y dirigía a miles de trabajadores en huelga. No obstante, en 1886, Proletariat fue prácticamente decapitado por la ejecución de cuatro de sus líderes, el encarcelamiento de otros veintitrés bajo largas condenas a trabajos forzados y el destierro de otros doscientos. Sólo se salvaron del naufragio pequeños círculos, y a uno de ellos se unió Rosa Luxemburg a los 16 años. Alrededor de 1889, su actuación llegó a oídos de la policía y tuvo que abandonar Polonia, ya que sus camaradas pensaron que podría realizar tareas más útiles en el exterior que en prisión.

Fue a Zurich, en Suiza, que era el centro más importante de emigración polaca y rusa. Ingresó en la universidad, donde estudió ciencias naturales, matemáticas y economía. Tomó parte activa en el movimiento obrero local y en la intensa vida intelectual de los revolucionarios emigrados.

Apenas dos años más tarde, Rosa ya era reconocida como líder teórico del partido socialista revolucionario de Polonia. Llegó a ser colaboradora principal del diario del partido, Sprawa Rabotnicza, publicado en París. En 1894, el nombre del partido, Proletariat, cambió por el de Partido Social Demócrata del Reino de Polonia; muy poco después, Lituania se añadió al título. Rosa siguió siendo líder teórico del partido -el SDKPL- hasta el fin de su vida.

En agosto de 1893, representó al partido en el Congreso de la Internacional Socialista. Allí, siendo una joven de 22 años, tuvo que lidiar con veteranos muy conocidos de otro partido polaco, el Partido Socialista Polaco (PPS), cuyo principio más importante era la independencia de Polonia, y que demandaba el reconocimiento de todos los miembros de mayor experiencia del socialismo internacional.

La ayuda para el movimiento nacional en Polonia tenía tras de sí el peso de una larga tradición: también Marx y Engels habían hecho de esto un principio importante en su política. Impertérrita ante todo esto, Rosa cuestionó al PSS, acusándolo de tendencias claramente nacionalistas y de propensión a desviar a los trabajadores de la senda de la lucha de clases; se atrevió a tomar una posición diferente a la de los viejos maestros y se opuso al slogan de "independencia para Polonia" (Para una elaboración de la posición de Rosa Luxemburg sobre la cuestión nacional, véase el Capítulo 6.) Sus adversarios acumularon injurias sobre ella: algunos, como el veterano discípulo y amigo de Marx y Engels, Wilhelm Liebknecht, llegó a acusarla de ser agente de la policía secreta zarista. No obstante, ella se mantuvo en sus trece.

Intelectualmente crecía a pasos agigantados. En 1898, se dirigió al centro del movimiento obrero internacional en Alemania, que la atrajo irresistiblemente.

Comenzó a escribir asiduamente, y después de un tiempo llegó a ser uno de los principales colaboradores del periódico teórico marxista más importante de la época, Die Neue Zeit. Invariablemente independiente en el juicio y en la crítica, ni siquiera el tremendo prestigio de Karl Kautsky, su director -"Papa del marxismo", como se le llamaba-, lograba apartarla de sus opiniones elaboradas, una vez que estaba convencida de ellas.

Rosa entregó cuerpo y alma al movimiento obrero en Alemania. Era colaboradora regular de numerosos diarios socialistas -y en algunos casos directora-, dirigió muchos mítines populares y tomó parte enérgicamente en todas las tareas que el movimiento le requería. Desde el principio hasta el fin, sus disertaciones y artículos eran trabajos creativos originales, en los que apelaba a la razón más que a la emoción, y en los que siempre abría a sus oyentes y lectores un horizonte más amplio.

En este momento, el movimiento de Alemania se dividió en dos tendencias principales, una reformista -con fuerza creciente- y la otra revolucionaria. Alemania había gozado de creciente prosperidad desde la crisis de 1873. El nivel de vida de los trabajadores había ido mejorando ininterrumpidamente, aunque en forma lenta: los sindicatos y cooperativas se habían vuelto más fuertes. En estas circunstancias, la burocracia de estos movimientos, junto con la creciente representación parlamentaria del Partido Social Demócrata, se alejaba de la revolución y se inclinaba con gran ímpetu hacia los que ya proclamaban el cambio gradual o el reformismo como meta. El principal vocero de esta tendencia era Eduard Bernstein, un discípulo de Engels. Entre 1896 y 1898, escribió una serie de artículos en Die Neue Zeit sobre "Problemas del Socialismo", atacando cada vez más abiertamente los principios del marxismo. Estalló una larga y amarga discusión. Rosa Luxemburg, que acababa de ingresar en el movimiento obrero alemán, inmediatamente salió en defensa del marxismo. De forma brillante y con magnífico ardor atacó el propagado cáncer del reformismo en su folleto ¿Reformismo o revolución?. (Para una elaboración de su crítica del reformismo, véase el Capítulo 2).

Poco después, en 1899, el "socialista" francés Millerand participó de un gobierno de coalición con un partido capitalista. Rosa siguió atentamente este experimento y lo analizó en una serie de brillantes artículos referentes a la situación del movimiento francés en general, y a la cuestión de los gobiernos de coalición en particular (véase el Capítulo 2). Después del fiasco de Macdonald en Gran Bretaña, el de la República de Weimar en Alemania, el del Frente Popular en Francia en la década de los 30 y los gobiernos de coalición posteriores a la Segunda Guerra Mundial en el mismo país, queda claro que las enseñanzas impartidas por Rosa no son únicamente de interés histórico.

Entre 1903-1904, Rosa se entregó a una polémica con Lenin, con quien disentía en la cuestión nacional (véase el Capítulo 6), y en la concepción de la estructura del partido y la relación entre el partido y la actividad de las masas (véase el Capítulo 5).

En 1904, después de "insultar al Káiser", fue sentenciada a nueve meses de prisión, de los cuales cumplió solo uno.

En 1905, con el estallido de la primera revolución rusa, escribió una serie de artículos y panfletos para el partido polaco, en los que exponía la idea de la revolución permanente, que había sido desarrollada independientemente por Trotsky y Parvus, pero sostenida por pocos marxistas de la época. Mientras que tanto los bolcheviques como los mencheviques, a pesar de sus profundas divergencias, creían que la revolución rusa había de ser democrático-burguesa, Rosa argüía que se desarrollaría más allá del estadio de burguesía democrática y que podría terminar en el poder de los trabajadores o en una derrota total. Su slogan era "dictadura revolucionaria del proletariado basada en el campesinado".[1]

Sin embargo, pensar, escribir y hablar sobre la revolución no era suficiente para Rosa Luxemburg. El motto de su vida fue: "En el principio fue el acto". Y aunque no gozaba de buena salud en ese momento, entró de contrabando en la Polonia rusa tan pronto como pudo (en diciembre de 1905). En ese momento el punto culminante de la revolución había sido superado. Las masas todavía estaban activas, pero ahora vacilantes, mientras la reacción alzaba su cabeza. Se prohibieron todos los mítines, pero los obreros todavía los celebraban en sus fortalezas: las fábricas. Todos los periódicos de los trabajadores fueron suprimidos, pero el del partido de Rosa seguía apareciendo todos los días, impreso clandestinamente. El 4 de marzo de 1906 fue arrestada y detenida durante cuatro

meses, primero en la prisión y posteriormente en un fuerte.
A causa de su mala salud y de su nacionalidad alemana, fue
liberada y expulsada del país.[2]

La revolución rusa dio vigor a una idea que Rosa había
concebido años atrás: que las huelgas de masas -tanto políticas como económicas- constituían un elemento cardinal
en la lucha revolucionaria de los trabajadores por el poder,
singularizando a la revolución socialista de todas las anteriores. A partir de allí elaboró aquella idea en base a una nueva
experiencia histórica. (Véase el Capítulo 3)

Al hablar en tal sentido en un mitin público fue acusada de
"incitar a la violencia", y pasó otros dos meses en prisión, esta
vez en Alemania.

En 1907, participó en el Congreso de la Internacional Socialista celebrado en Stuttgart. Habló en nombre de los partidos ruso y polaco, desarrollando una posición revolucionaria coherente frente a la guerra imperialista y al militarismo.
(Véase el Capítulo 4)

Entre 1905 y 1910, la escisión entre Rosa Luxemburg y la
dirección centrista[3] del SPD -del que Kautsky era el portavoz
teórico- se hizo más profunda. Ya en 1907, Rosa había expresado su temor de que los líderes del partido, al margen de su
profesión de marxismo, vacilarían frente a una situación que
requiriera acción. El punto culminante llegó en 1910, cuando se produjo una ruptura total entre Rosa y Karl Kautsky
por la cuestión de la vía de los trabajadores hacia el poder.
Desde ese momento, el SPD se dividió en tres tendencias
diferenciadas: los reformistas, que progresivamente fueron
adoptando una política imperialista; los así llamados marxistas de centro, conducidos por Kautsky (ahora apodado por

Rosa Luxemburg "líder del pantano"), quien conservaba su radicalismo verbal pero se limitaba cada vez más a los métodos parlamentarios de lucha; y el ala revolucionaria, de la que Rosa Luxemburg era la principal inspiradora.

En 1913, publicó su obra más importante: La acumulación de capital. (Una contribución a la explicación económica del imperialismo). Ésta es sin duda, desde El Capital una de las contribuciones más originales a la doctrina económica marxista. Este libro -como lo señalara Mehring, el biógrafo de Marx- con su caudal de erudición, brillantez de estilo, vigoroso análisis e independencia intelectual, es de todas las obras marxistas, la más cercana a El Capital. El problema central que estudia es de enorme importancia teórica y política: los efectos que la expansión del capitalismo en territorios nuevos y atrasados, tiene sobre sus propias contradicciones internas y sobre la estabilidad del sistema. (Para un análisis de esta obra véase el Capítulo 8.)

El 20 de febrero de 1914, Rosa Luxemburg fue arrestada por incitar a los soldados a la rebelión. La base de esta acusación fue una arenga en la que declaró: "Si ellos esperan que asesinemos a los franceses o a cualquier otro hermano extranjero, digámosles: 'No, bajo ninguna circunstancia'". En el Tribunal se transformó de acusada en acusadora, y su disertación -publicada posteriormente bajo el título Militarismo, guerra y clase obrera- es una de las más inspiradas condenas del imperialismo por parte del socialismo revolucionario. Se la sentenció a un año de prisión, pero no fue detenida ahí mismo. Al salir de la sala del tribunal fue de inmediato a un mitin popular, en el que repitió su revolucionaria propaganda antibélica.

Cuando estalló la Primera Guerra Mundial, prácticamente todos los líderes socialistas fueron devorados por la marea patriótica. El 3 de agosto de 1914, el grupo parlamentario de la socialdemocracia alemana decidió votar a favor de créditos para el gobierno del Káiser. Sólo quince de los ciento once diputados mostraron algún deseo de votar en contra. No obstante, después de serles rechazada su solicitud de permiso, se sometieron a la disciplina del partido, y el 4 de agosto, todo el grupo socialdemócrata votó por unanimidad en favor de los créditos. Pocos meses después, el 3 de diciembre, Karl Liebknecht ignoró la disciplina del partido para votar de acuerdo con su conciencia. Fue el único voto en contra de los créditos para la guerra.

La decisión de la dirección del partido fue un rudo golpe para Rosa Luxemburg. Sin embargo, no se permitió la desesperación. El mismo día que los diputados de la socialdemocracia se unieron a las banderas del Káiser, un pequeño grupo de socialistas se reunió en su departamento y decidió emprender la lucha contra la guerra. Este grupo, dirigido por Rosa, Karl Liebknecht, Franz Mehring y Clara Zetkin, finalmente se transformó en la Liga Espartaco. Durante cuatro años, principalmente desde la prisión, Rosa continuó dirigiendo, inspirando y organizando a los revolucionarios, levantando las banderas del socialismo internacional. (Para más detalles de su política antibélica, véase el Capítulo 4.)

El estallido de la guerra, separó a Rosa del movimiento obrero polaco, pero debe de haber obtenido profunda satisfacción, porque su propio partido en Polonia permaneciera en todo sentido leal a las ideas del socialismo internacional.

La revolución rusa de febrero de 1917 concretó las ideas políticas de Rosa: oposición revolucionaria a la guerra y lucha para el derrocamiento de los gobiernos imperialistas. Desde la prisión, seguía febrilmente los acontecimientos, estudiándolos a fondo con el objeto de recoger enseñanzas para el futuro. Señaló sin vacilaciones que la victoria de febrero no significaba el final de la lucha, sino solo su comienzo; que únicamente el poder en manos de la clase trabajadora podía asegurar la paz. Emitió constantes llamamientos a los trabajadores y soldados alemanes para que emularan a sus hermanos rusos, derrocaran a los junkers y al capitalismo. Así, al mismo tiempo que se solidarizarían con la revolución rusa, evitarían morir desangrados bajo las ruinas de la barbarie capitalista.

Cuando estalló la Revolución de Octubre, Rosa la recibió con entusiasmo, ensalzándola con los términos más elevados. Al mismo tiempo, no sustentaba la creencia de que la aceptación acrítica de todo lo que los bolcheviques hicieran fuera útil al movimiento obrero. Previó claramente que si la Revolución Rusa permanecía en el aislamiento, un elevado número de distorsiones mutilarían su desarrollo; bien pronto señaló tales distorsiones en el proceso de desarrollo de la Rusia soviética, particularmente sobre la cuestión de la democracia. (Véase el Capítulo 7.)

El 8 de noviembre de 1918, la revolución alemana liberó a Rosa de la prisión. Con todo su energía y entusiasmo se sumergió en la lucha revolucionaria. Lamentablemente las fuerzas reaccionarias eran poderosas. Líderes del ala derecha de la socialdemocracia y generales del viejo ejército del Káiser unieron sus fuerzas para suprimir al proletariado revolucionario. Miles de trabajadores fueron asesinados; el 15 de enero de 1919 mataron a Karl Liebknecht; el mismo día, el culatazo de rifle de un soldado destrozó el cráneo de Rosa Luxemburg.

El movimiento internacional de los trabajadores perdió, con su muerte, uno de sus más nobles espíritus. "El más admirable cerebro entre los sucesores científicos de Marx y Engels", como dijo Mehring, había dejado de existir. En su vida, como en su muerte, dio todo por la liberación de la humanidad.

Notas

1. No por nada Stalin denuncia a Rosa póstumamente en 1931 como trotskista (véase J.V.Stalin, *Works* Tomo XII, pp86-104).

2. Había adquirido la nacionalidad alemana mediante un matrimonio simulado con Gustav Lübeck. (N. de la T.)

3. Centrista fue un término que se aplicaba a aquellos que mantenían una posición intermedia, vacilante, entre los revolucionarios consistentes y los reformistas declarados. (N. del T.)

Capítulo 2 Reforma social o revolución

En defensa del marxismo

A través de toda la obra de Rosa Luxemburg se manifiesta la lucha contra el reformismo, que reducía los fines del movimiento obrero al regateo con el capitalismo en lugar de intentar derrotarlo por medios revolucionarios.

Eduard Bernstein -el más prominente vocero del reformismo (o revisionismo, como se lo conocía entonces)- fue el primero contra quien Rosa alzó las armas. Ella refutó sus puntos de vista, en forma especialmente incisiva, desde su folleto ¿Reformismo o Revolución?, que nació de dos series de artículos publicados en el Leipziger Volkszeitung; la primera, de septiembre de 1898, era una respuesta a los artículos de Bernstein de Die Neue Zeit; la segunda, de abril de 1899 fue escrita en respuesta a su libro Las precondiciones del socialismo y las tareas de la socialdemocracia.

Bernstein redefinió el carácter fundamental del movimiento obrero como, "un partido de reforma democrática socialista" y no como un partido de revolución social. Oponiéndose a Marx, arguyó que las contradicciones del capitalismo no se vuelven más agudas, sino que se mitigan continuamente: poco a poco el capitalismo se vuelve más tratable, más adaptable. Cártels, trusts e instituciones crediticias van gradualmente regularizando la naturaleza anárquica del sistema, así que en lugar de continuas crisis, tal como lo describía Marx, hay una tendencia hacia la prosperidad permanente. Las contradicciones sociales también se han debilitado, por la viabilidad de la clase media y la distribución más democrática de la propiedad del capital mediante sociedades anónimas. La adaptabilidad del sistema a las necesidades del momento también se muestran en la mejora de las condiciones económicas, sociales y políticas de la clase trabajadora, como resultado de las actividades de los sindicatos y las cooperativas.

De este análisis, Bernstein concluyó que el partido socialista debía dedicarse a mejorar gradualmente las condiciones de la clase trabajadora y no a la conquista revolucionaria del poder político.

Contradicciones en el capitalismo

En oposición a Bernstein, Rosa Luxemburg sostenía que las organizaciones monopólicas capitalistas (cártels y trusts) y las instituciones de crédito tendían a profundizar los antagonismos en el capitalismo y no a mitigarlos. Rosa describe su función: "En conjunto puede decirse que los cártels... son fases determinadas del desarrollo que, en último término, sólo aumentan la anarquía del mundo capitalista y manifiestan y hacen madurar sus contradicciones internas. Los cártels agudizan la contradicción entre el modo de producción y el modo de intercambio en la medida que intensifican la lucha entre productores y consumidores... agudizan asimismo la contradicción entre el modo de producción y el modo de apropiación por cuanto enfrentan de la forma más brutal al proletariado con la omnipotencia del capitalismo organizado y, de esta manera, elevan al máximo la oposición entre el capital y el trabajo; agudizan, por último, la contradicción entre el carácter internacional de la economía mundial capitalista y el carácter nacional del estado capitalista en la medida en que van siempre acompañados del fenómeno complementario de una guerra arancelaria general y de esta manera intensifican al máximo la oposición entre los estados capitalistas concretos. A todo esto, hay que añadir el efecto directo y altamente revolucionario de los cártels sobre la concentración de la producción, el perfeccionamiento técnico, etc.

"Por tanto, los cártels y los trusts no son «medios de adaptación» en su acción definitiva sobre la economía capitalista que hagan esfumarse las contradicciones en el seno de ésta, sino que son precisamente uno de los medios que la economía capitalista se ha procurado para aumentar la anarquía misma, para extender las contradicciones y acelerar su hundimiento." (RR pp52-53).

Dice Rosa que también los créditos, lejos de evitar la crisis capitalista, en realidad la profundizan. Las dos funciones más importantes del crédito son expandir la producción y facilitar el intercambio, y ambas agravan la inestabilidad del sistema. La crisis económica capitalista se desarrolla como consecuencia de las contradicciones entre la permanente tendencia de la producción a expandirse, y la limitada capacidad de consumo del mercado capitalista. El crédito, al estimular la producción, fomenta la tendencia a la superproducción, y ésta, sujeta a seria inestabilidad en circunstancias adversas, tiende a hacer vacilar la economía y a profundizar la crisis. El rol del crédito, al fomentar la especulación, es otro factor que aumenta la inestabilidad del modo capitalista de producción.

La carta de triunfo de Bernstein, en apoyo de su argumento de que las contradicciones del capitalismo estaban decreciendo, era que durante dos décadas, desde 1873, el capitalismo no había sufrido ninguna crisis económica importante. Pero, dice Rosa: "Apenas se había deshecho Bernstein de la teoría marxista de las crisis en 1898, cuando estalló una fuerte crisis general en 1900, y, siete años después, en 1907, una crisis nueva procedente de los Estado Unidos afectó al mercado mundial. Los hechos incontrovertibles destruían la teoría de la «adaptación» del capitalismo. Al mismo tiempo, podía comprobarse que quienes abandonaban la teoría marxista de las crisis, sólo porque había fracasado en el cumplimiento de dos de sus «plazos», confundían el núcleo de la teoría con una pequeñez externa e inesencial de su forma, con el ciclo decenal. La formulación del ciclo de la industria capitalista moderna como un período decenal, sin embargo, era una simple constatación de los hechos por Marx y Engels en 1860 y 1870, que, además, no descansaba en ley natural ninguna, sino en una serie de circunstancias históricas siempre concretas que estaban en conexión con la extensión intermitente de la esfera del capitalismo juvenil." (RR, p54n).

De hecho, "estas crisis pueden producirse cada 10 o cada 5 años o, alternativamente, cada 20 y cada 8 años... La suposición de que la producción capitalista pueda «adaptarse» al intercambio presupone una disyuntiva: o el mercado mundial crece infinita e ilimitadamente o, por el contrario, se interrumpe el crecimiento de la fuerzas productivas, a fin de que éstas no superen los límites del mercado. La primera parte es una imposibilidad física y la segunda se enfrenta con el hecho de que continuamente se producen nuevas transformaciones técnicas en todas las esferas de la producción, que originan nuevas fuerzas productivas día a día." (RR p56)

En realidad, argüía Rosa, lo fundamental para el marxismo es que las contradicciones en el capitalismo -entre las crecientes fuerzas de producción y las relaciones de producción- se agravan progresivamente. Pero que tales contradicciones deban expresarse en forma de crisis generales catastróficas es algo meramente "inesencial y accesorio" (RR p46). La forma de expresión de la contradicción fundamental no es tan importante como su contenido. (De paso, algo que Rosa seguramente no discutiría es la idea de que una de las formas en que las contradicciones básicas pueden expresarse es en la permanente economía de guerra con su enorme desperdicio de las fuerzas productivas.)

Rosa sostenía que cuando Bernstein negaba las cada vez más profundas contradicciones del capitalismo, mutilaba la base de la lucha por el socialismo. De esa manera el socialismo se transformaba, de una necesidad económica en una esperanza idealista, en una utopía. Bernstein preguntaba: "¿Por qué razón hay que derivar el socialismo de la necesidad económica?" "¿Por qué razón hay que degradar la inteligencia, la conciencia jurídica, la voluntad del hombre?" (Vorwärts, 26 de marzo, 1899). Rosa comentó: "Por lo tanto, la distribución justa que propone Bernstein ha de hacerse merced a la voluntad libre del hombre, no condicionada por la necesidad económica, o, más precisamente, como quiera que la voluntad misma no es más que un instrumento, merced a la comprensión de la justicia, en resumen, por la idea de la justicia.

"Hemos alcanzado aquí con toda felicidad el principio de la justicia, el rucio viejo sobre el que cabalgan desde hace milenios todos los reformadores del mundo a falta de medios de fomento más seguros y más históricos, el Rocinante achacoso sobre el que han marchado todos los Don Quijotes de la historia para realizar la reforma mundial, sin sacar nada en limpio más que algunos palos." (RR p86)

Haciendo abstracción de las contradicciones del capitalismo, la urgencia por el socialismo se vuelve meramente una quimera idealista.

El papel de los sindicatos

Como ya hemos señalado, Eduard Bernstein (y muchos después de él), consideraba a los sindicatos como un arma para debilitar al capitalismo. A diferencia de Bernstein, Rosa sostenía que, si bien es cierto que los sindicatos pueden afectar de alguna manera el nivel de los salarios, no pueden por sí mismos derrotar al sistema de salarios, ni a los factores económicos objetivos fundamentales que determinan el nivel de salarios.

"Los sindicatos tienen la misión de emplear su organización para influir en la situación del mercado de la mercancía fuerza de trabajo; esa organización, sin embargo, se quiebra de continuo a causa del proceso de proletarización de las capas medias, que hace afluir ininterrumpidamente nueva mercancía al mercado de trabajo. En segundo lugar, los sindicatos se proponen la elevación del nivel de vida, el aumento de la parte de la clase obrera en la riqueza social; pero esta parte aparece reducida de continuo con la fatalidad de un proceso natural, debido al aumento de la productividad del trabajo...

"En el caso de estas dos funciones económicas principales, la lucha sindical se transforma en una especie de trabajo de Sísifo[4], debido a ciertos procesos objetivos de la sociedad capitalista. Sin embargo, este trabajo de Sísifo resulta imprescindible si el trabajador quiere alcanzar la tasa de salario que le corresponde, según la situación correspondiente del mercado, si la ley salarial del capitalismo se ha de cumplir y la tendencia descendente del desarrollo económico se ha de paralizar en su eficacia o, más exactamente, se ha de debilitar." (RRp85)

¡Tarea de Sísifo! Esta expresión enfureció a los burócratas de los sindicatos alemanes. No podían admitir que el esfuerzo de los sindicatos -aunque útil para proteger a los trabajadores de la inminente tendencia del capitalismo a rebajar progresivamente sus salarios- no fuera un sustituto de la liberación de la clase trabajadora.

Parlamentarismo

Para Bernstein, al mismo tiempo que los sindicatos (y también las cooperativas) eran la principal palanca económica para lograr el socialismo, la democracia parlamentaria era la palanca política para esta transición. De acuerdo con su criterio, el parlamento era la encarnación de la voluntad de la sociedad, es decir, era una institución de carácter universal, al margen de las clases sociales.

No obstante, Rosa dice: "El Estado actual no es «sociedad» ninguna en el sentido de la «clase obrera ascendente», sino el representante de la sociedad capitalista, o sea, un estado de clase" (RR p61). "En conjunto, el parlamentarismo no aparece como un elemento socialista inmediato que va impregnando poco a poco a la sociedad capitalista, como supone Bernstein, sino, por el contrario, como un medio específico del estado burgués de clase" (RR p67).

Gobiernos de coalición

En el momento en que la discusión sobre la vía parlamentaria hacia el socialismo estaba en su apogeo en Alemania, fue alcanzado por primera vez por socialistas franceses lo que ellos suponían era la conquista del poder político a través del parlamento. En junio de 1899, Alexandre Millerand integró el gobierno radical de Waldeck-Rousseau, al lado del General Galliffet, principal responsable de la sangrienta represión de la Comuna de París. Este hecho fue considerado por el líder socialista francés Jaurés y por los reformistas del ala derecha como un punto decisivo altamente táctico: el poder político ya no lo esgrimía solamente la burguesía, sino que era compartido por la burguesía y el proletariado, situación que -de acuerdo con ellos- era expresión política de la transición del capitalismo hacia el socialismo.

Rosa siguió con toda atención este primer experimento de gobierno en coalición entre partidos capitalistas y partido socialista, haciendo una cuidadosa y profunda investigación. Ella señaló que esta coalición, que ataba de pies y manos a la clase obrera al gobierno, impedía a los trabajadores mostrar su poderío real. Y de hecho, lo que los oportunistas llamaron "árida oposición" era una política mucho más útil y práctica: "lejos de hacer la obtención de reformas auténticas, inmediatas y tangibles, de carácter progresivo, imposible, una abierta política opositora es la única vía por la cual los partidos minoritarios en general y los partidos socialistas minoritarios en particular pueden obtener éxitos prácticos."[5] El Partido Socialista sólo debe adoptar aquellas posiciones que extienden la lucha anticapitalista: "Por supuesto, con el objeto de ser eficaz, la Social Democracia debe apropiarse de todas las posiciones asequibles en el actual Estado e invalidarlo todo. No obstante, el prerrequisito es que estas posiciones hagan posible profundizar la lucha de clases, la lucha contra la burguesía y su Estado." (AR)

Rosa finaliza: "En la sociedad burguesa, el papel de la Social Democracia es el de partido de oposición. Como partido gobernante sólo puede surgir de las ruinas del Estado burgués." (AR).

Fue señalado el peligro final inherente al experimento de coalición: "Jaurés, el infatigable defensor de la república, está preparando el camino para el cesarismo. Suena como un mal chiste, pero el curso de la historia está sembrado de tales chistes".[6]

¡Qué profética! El fiasco de MacDonald en Gran Bretaña, el reemplazo de la República de Weimar por Hitler, la bancarrota del Frente Popular en los años 30 y los gobiernos de coalición en Francia después de la Segunda Guerra Mundial, que condujeron hasta De Gaulle, son algunos de los frutos postreros de las políticas de los gobiernos de coalición.

Violencia revolucionaria

A los reformistas, que creían que el parlamentarismo y la legalidad burguesa significaban el fin de la violencia como factor del desarrollo histórico, Rosa les oponía: "¿Cuál es la función real de la legalidad burguesa? Si un 'ciudadano libre' es detenido por otro contra su voluntad y confinado por un tiempo en un cuarto cerrado e incómodo, todos notan inmediatamente que se ha cometido un acto de violencia. No obstante, cuando el mismo proceso tiene lugar de acuerdo con el libro llamado código penal, y el cuarto en cuestión se encuentra en la cárcel, inmediatamente todo el asunto se considera pacífico y legal. Si un hombre es impulsado por alguien a asesinar a otros hombres, esto es evidentemente un acto de violencia. No obstante, en cuanto el proceso se llama 'servicio militar', el buen ciudadano se conforta con la idea de que todo es perfectamente legal y ajustado a un orden. Si un ciudadano es despojado contra su voluntad de una parte de su propiedad o de sus ganancias, es obvio que se ha cometido un acto de violencia, pero si el proceso se llama 'impuestos indirectos', todo está bien.

"En otras palabras, lo que se nos presenta bajo el barniz de la legalidad burguesa no es más que la expresión de la violencia de clase, elevada a norma obligatoria por la clase dominante. Una vez que el acto de violencia individual ha sido de esta manera elevado a norma obligatoria, el proceso se refleja en la mente del abogado burgués (y también en la del socialista oportunista) no tal como es, sino patas arriba: el proceso legal aparece como una creación independiente de 'justicia' abstracta, y la composición del Estado aparece como una consecuencia, como mera 'sanción' de la ley. En realidad, la verdad es exactamente todo lo contrario: la legalidad burguesa (y el parlamentarismo como legislatura en proceso de desarrollo) no es más que la forma social particular bajo la cual se expresa la violencia política de la burguesía, desarrollando sus bases económicas específicas." (GW, III, p361-2).

Por lo tanto, es absurda la idea de desplazar al capitalismo por medio de formas legales establecidas por el mismo capitalismo, que desde un principio no son más que la expresión de la violencia burguesa. En último análisis, para derrotar al capitalismo es necesaria la violencia revolucionaria: "El uso de la violencia siempre será la última ratio para la clase trabajadora, la ley suprema de la lucha de clases siempre presente, algunas veces en forma latente, otras en forma activa. Y cuando tratamos de revolucionar la mente por medio de la actividad parlamentaria, es únicamente con la idea de que en caso de necesidad, la revolución puede mover no sólo la mente, sino también la mano." (GW, III, p366).

Qué proféticas suenan ahora, después de la desaparición de la República de Weimar, las palabras que Rosa escribiera en 1902: "Si la Social Democracia tuviera que aceptar el punto de vista oportunista, renunciar al uso de la violencia y prometer a la clase trabajadora no apartarse nunca del camino del legalismo burgués, entonces todo su parlamentarismo fracasaría miserablemente tarde o temprano, y dejaría el campo libre arbitrario de la violencia reaccionaria." (GW, III, p366).

Pero, aunque Rosa sabía que los trabajadores estaban obligados a recurrir a la violencia revolucionaria contra la explotación y la opresión, sufría profundamente por cada gota de sangre derramada. En medio del desarrollo de la revolución alemana, escribió: "Durante los cuatro años de matanza imperialista entre naciones, corrieron ríos de sangre. Ahora debemos asegurarnos de preservar con honor y en copas de cristal cada gota de este precioso líquido. Desenfrenada energía revolucionaria y amplios sentimientos humanos: éste es el verdadero aliento del socialismo. Es cierto que todo un mundo debe ser derrocado, pero cada lágrima que pudiera haberse evitado es una acusación; cada hombre que en su apresuramiento por cumplir un acto importante aplasta impensadamente una lombriz que se cruza en su camino, está cometiendo un crimen".[7]

Hambre y revolución

Entre los reformistas y también entre algunos que se llaman revolucionarios, prevalece la teoría de que sólo el hambre puede llevar a los trabajadores a seguir la ruta revolucionaria: los aventajados trabajadores de Europa Central y Occidental, argüían los reformistas, tienen muy poco que aprender de los hambrientos y arruinados trabajadores rusos. Rosa puso mucho empeño en corregir este erróneo concepto, escribiendo en 1906: "hay mucha exageración en la idea de que el proletariado del imperio ruso antes de la revolución vivía en paupérrimas condiciones. Precisamente la capa de obreros de la gran industria y de las grandes ciudades, la más activa y enérgica tanto en las luchas económicas como políticas del momento actual, se encontraba, desde el punto de vista de su existencia material, apenas por debajo de la correspondiente capa del proletariado alemán, y en ciertos oficios se pueden encontrar salarios iguales e incluso superiores a los de Alemania. También en relación a la jornada de trabajo, la diferencia que existe entre las empresas de la gran industria de los dos países carece apenas de importancia. De ahí que la idea de un presunto ilotismo material y cultural de la clase obrera rusa no repose sobre ninguna base sólida. Si se reflexiona un poco, esta idea se refuta ya por el hecho mismo de la revolución y por el papel predominante que en ella desempeña el proletariado. Revoluciones con semejante madurez y lucidez políticas no se hacen con un subproletariado miserable; y los obreros de la gran industria que encabezaron las luchas en San Petersburgo, en Varsovia, en Moscú y en Odesa, están mucho más próximos al tipo occidental, en el plano cultural e intelectual, de lo que se imaginan los que consideran al parlamentarismo burgués y a la actividad sindical regular como la única e indispensable escuela del proletariado." (HM p172.)

Aún más, los estómagos vacíos, además de impulsar a la rebelión, conducen al sometimiento.

¿Reformismo o revolución?

Basándose en la lucha de clases del proletariado, tanto latente como abierta, tanto dirigida hacia la obtención de concesiones de la clase capitalista como a su derrocamiento, Rosa apoyó igualmente la lucha por las reformas sociales y por la revolución social, considerando a la primera sobre todo una escuela para la segunda, cuya importancia histórica ella aclaraba analizando las mutuas relaciones entre ambas.

"La reforma legal y la revolución no son, por tanto, métodos distintos del progreso histórico que puedan el elegirse libremente en el restaurante de la historia, como si fueran salchichas calientes y frías, sino que son momentos distintos en el desarrollo de la sociedad de clases que se condicionan y complementan uno a otro y, al mismo tiempo, se excluyen mútuamente, como el polo norte y el polo sur, o la burguesía y el proletariado.

"Toda constitución legal no es más que un producto de la revolución. Así como la revolución es un acto creador de la historia de clases, la legislación implica la perpetuación política de la sociedad. La labor de la reforma legal no posee impulso ninguno por si misma, que sea independiente de la revolución, sino que en cada período de la historia se mueve en la línea del puntapié que le dio la última revolución y mientras dura su impulso; o, expresado más concretamente, sólo se mueve en el contexto del orden social establecido por la última revolución. Éste es, precisamente, el punto crucial de la cuestión.

"Es absolutamente falso y completamente antihistórico imaginarse la labor de reforma legal como una revolución ampliada y, a su vez, la revolución como una reforma sinte-tizada. Una revolución social no se distingue por la duración de la reforma social, sino por la esencia de los dos momen-tos. Todo el secreto de las revoluciones históricas a través del empleo del poder político reside en la transformación de los cambios meramente cuantitativos en una calidad nueva, o, más concretamente, en la transición de un periodo histórico, de un orden social, a otro.

"Por lo tanto, quien se pronuncia por el camino reformista en lugar y en contra de la conquista del poder político y de la transformación de la sociedad, en realidad no elige un camino más tranquilo, seguro y lento hacia el mismo objetivo, sino, también, otro objetivo; en lugar de la implantación de un nue-vo orden social, unas alteraciones insustanciales en el antiguo. De este modo, al considerar las concepciones políticas del revi-sionismo se llega a la misma conclusión que al estudiar las eco-nómicas, es decir, que no buscan la realización del orden socia-lista, sino tan sólo la reforma del capitalista, o la eliminación del sistema de salariado, sino el más o el menos de la explotación, en una palabra, que buscan la abolición de las aberraciones ca-pitalistas y no las del propio capitalismo." (RR pp92-93).

Notas

4. El mitológico rey de Corinto, que en los infiernos fue condenado a llevar rodando una enorme piedra hasta la cima de una montaña. La piedra rodaba constantemente hacia abajo, haciendo su tarea incesante.

5. P. Fröhlich, *Rosa Luxemburg. Her life and Work*, Pluto, Londres, 1972, p66.

6. P. Fröhlich, op. cit, p67.

7. *Rote Fahne*, 18 de noviembre de 1918.

Capítulo 3 Huelgas de masas y revolución

Las huelgas políticas de masas

En mayo de 1891, una huelga de masas de alrededor de 125.000 trabajadores belgas demandó reformas en el sistema electoral. En abril de 1893 estalló otra huelga que abarcó alrededor de un cuarto de millón de trabajadores, por una demanda similar. El resultado fue el voto universal, pero injusto, privilegiado: los votos de los ricos y "cultos" valían dos o tres veces más que los de los trabajadores y campesinos. Los trabajadores, insatisfechos, llevaron adelante otra huelga de masas nueve años más tarde, solicitando una completa revisión de la Constitución.

Estas huelgas de masas de carácter político produjeron gran impresión sobre Rosa. Dos artículos dedicados a la cuestión -"El experimento belga", NZ, 26 de abril de 1902, y "La tercer vez acerca del experimento belga", NZ, 14 de mayo de 1902- señalaban la naturaleza revolucionaria de la huelga política de masas como un arma específica de la lucha proletaria. Para Rosa, las huelgas de masas, tanto políticas como económicas, constituyen un factor muy importante en la lucha revolucionaria de los trabajadores hacia el poder.

El entusiasmo de Rosa Luxemburg por este método y su incisiva comprensión del mismo alcanzan nueva altura luego de la revolución rusa de 1905: "En las anteriores revoluciones burguesas, en las que, por una parte, la educación política y la dirección de la masa revolucionaria estaban a cargo de los partido burgueses, y en las que, por la otra, se trataba simplemente del derrocamiento del viejo gobierno, la breve batalla de barricadas era la forma adecuada de la lucha revolucionaria. Hoy en día, cuando la clase obrera debe educarse, unirse y dirigirse a sí misma en el curso de la lucha revolucionaria, y cuando la revolución se dirige tanto contra el viejo poder estatal como contra la capitalista, la huelga de masas se presenta como el medio natural para reclutar a las más amplias capas del proletariado en la acción misma, para revolucionarlas y organizarlas, como el medio para socavar y derrocar el viejo poder estatal y eliminar la explotación capitalista... para poder realizar cualquier tipo de acción política directa como masas, el proletariado debe reunirse primero como masa, y para ello es necesario que salga de las fábricas y de los talleres, de las minas y de los altos hornos, y que supere esa dispersión y derroche de fuerzas a que le condena el cotidiano yugo del capitalismo. La huelga de masas es, pues, la primera forma natural y espontánea de toda gran acción revolucionaria del proletariado, y cuanto más la industria se convierta en la forma predominante de la economía social, mayor será el papel desempeñado por el proletariado en la revolución, más aguda la contradicción entre el capital y el trabajo, y mayor importancia y amplitud adquirirán necesariamente las huelgas de masas. La en otro tiempo forma principal de las revoluciones burguesas, el combate en las barricadas, el enfrentamiento abierto contra el poder armado del Estado, es sólo el punto más extremo de la actual revolución, un momento en todo el proceso de la lucha proletaria de masas." (HM p183)

¡Budapest, 1956!

Contrariamente a todos los reformistas, que ven una muralla china entre las luchas parciales para la reforma económica y la lucha política para la revolución, Rosa señaló que en un período revolucionario la lucha económica crece hasta hacerse política y viceversa.

"Sin embargo, el movimiento en su conjunto no se encamina únicamente a partir de la lucha económica hacia la política, aquí ocurre también lo contrario. Cada una de las grandes acciones políticas de masas se transforma, una vez alcanzado su punto culminante político, en toda una serie confusa de huelgas económicas. Y esto no se refiere únicamente a cada una de las grandes huelgas de masas, sino, incluso, a la revolución en su conjunto. Con la extensión, clarificación y potenciación de la lucha política, no sólo no retrocede la lucha económica, sino que se extiende, se organiza y se intensifica en igual medida. Entre ambas existe una completa acción recíproca.

"Toda nueva iniciativa y toda nueva victoria de la lucha política se transforma en un impulso potente para la lucha económica, ampliando, al mismo tiempo, tanto sus posibilidades externas, como el deseo íntimo de los obreros por mejorar su situación, aumentando su combatividad. Cada encrespada ola de la acción política deja tras de sí un residuo fecundo, del que brotan al instante miles de tallos de la lucha económica. Y a la inversa. El permanente estado de guerra económica entre los obreros y el capital mantiene alerta la energía militante durante los momentos de tregua política; constituye, por así decirlo, el constante y viviente depósito de la fuerza de clase proletaria, de donde la lucha política extrae siempre nuevas fuerzas, conduciendo, al mismo tiempo, la lucha económica infatigable del proletariado, unas veces aquí, otras allá, a agudos conflictos aislados que engendran insensiblemente conflictos políticos en gran escala.

"En una palabra, la lucha económica es la que conduce de una situación política a otra; la lucha política produce la fertilización periódica del terreno en el que surge la lucha económica. Causa y efecto permutan sus posiciones en todo momento, y de este modo el elemento económico y el político, lejos de diferenciarse nítidamente o de excluirse recíprocamente, como pretende un pedante esquema, constituyen dos aspectos complementarios de las luchas de clase proletarias en Rusia." (HM pp165-166)

El clímax lógico y necesario de la huelga de masas es "una rebelión general que, sin embargo, sólo puede producirse después de una experiencia adquirida en toda una serie de rebeliones parciales y preparatorias, que desembocan temporalmente en «derrotas» exteriores y parciales, pudiendo aparecer cada una de ellas como «prematura»." (HM pp160-161)

De las huelgas de masas resulta un resurgimiento de la conciencia de clase: "Lo más preciado, precisamente por ser lo duradero, en este brusco flujo y reflujo de la revolución es su sedimento intelectual: el impetuoso desarrollo intelectual y cultural del proletariado, que ofrece una garantía inquebrantable para su imparable avance ulterior tanto en las luchas económicas como en las políticas." (HM pp155).

¡Y a que idealismo se elevan los trabajadores! Dejan de lado los temores sobre si tendrán o no los medios para mantenerse ellos y sus familias durante la lucha. No se preguntan si han sido cumplidos todos los preparativos técnicos preliminares: "En el momento en que comienza en serio un verdadero período de huelgas de masas, todos los «cálculos de costos» equivalen a la pretensión de querer dejar el océano sin agua con un vaso. Pues es realmente un verdadero océano de terribles privaciones y sufrimientos el precio que tiene que pagar la masa proletaria por cada revolución. Y la solución que le ofrece un período revolucionario a esta dificultad, aparentemente insuperable, es que desencadena, al mismo tiempo, tal cantidad de idealismo en las masas, que se hacen insensibles a los más agudos sufrimientos." (HM p169)

Lo que justifica la confianza de Rosa es que vislumbró la magnífica iniciativa revolucionaria y la capacidad de auto-sacrificio expresada por los trabajadores durante una revolución.

Capítulo 4 La lucha contra el imperialismo y la guerra

Aumento de la marea proimperialista en el movimiento obrero
Durante las dos décadas que precedieron al estallido de la Primera Guerra Mundial, el apoyo al imperialismo fue desarrollándose lentamente dentro de la Internacional Socialista.

El Congreso de Stuttgart de la Internacional de 1907 lo mostró claramente. La cuestión colonial se tuvo en cuenta porque en ese momento el empuje de un número de fuerzas imperialistas en África y Asia se estaba volviendo feroz. Los partidos socialistas protestaron contra la rapacidad de sus propios gobiernos, pero como demostró la discusión en dicho Congreso, una posición anticolonialista consistente estaba lejos del pensamiento de muchos de los líderes de la Internacional. El Congreso designó una Comisión de Colonias, cuya mayoría presentó un informe señalando que el colonialismo tenía algunos aspectos positivos. Su proyecto de resolución señalaba: "[El Congreso] no rechaza por principio y para siempre toda política colonial". Los socialistas deberían condenar los excesos del colonialismo, pero no renunciarlo totalmente. En su lugar, "deben abogar por reformas, mejorar la suerte de los nativos... y educarlos para la independencia por todos los medios posibles.

"Con tal propósito, los representantes de los partidos socialistas deben proponer a sus gobiernos la firma de un tratado internacional y la creación de una Ley de Colonias que proteja los derechos de los nativos y que esté garantizada por todos los Estados firmantes."

Este proyecto de resolución fue rechazado, pero sólo por una pequeña mayoría de ciento veintisiete contra ciento ocho. Así, prácticamente la mitad del Congreso estaba abiertamente del lado del imperialismo.

Cuando estalló la Primera Guerra Mundial en 1914 -esencialmente una lucha entre las fuerzas imperialistas para la división de las colonias-, el apoyo de la mayoría de los líderes de la Internacional Socialista no fue inesperado.

La lucha de Rosa Luxemburg contra el imperialismo capitalista

En el Congreso de Stuttgart, Rosa se pronunció claramente contra el imperialismo, proponiendo una resolución que delineara la política necesaria para enfrentar la amenaza de la guerra imperialista. "En el caso de una amenaza de guerra, es obligación de los trabajadores y de sus respectivos representantes parlamentarios en los países implicados, hacer todo lo posible para evitar su estallido, tomando las medidas adecuadas, que por supuesto pueden cambiar o agudizarse, de acuerdo con la intensificación de la lucha de clases y la situación política general.

"En el caso de que de todos modos estallara la guerra, es su obligación tomar las medidas que la hagan terminar lo más pronto posible, y utilizar la crisis política y económica consecuente para insurreccionar a las masas populares y acelerar la caída del dominio de la clase capitalista."

Esta resolución demostraba claramente que los socialistas debían oponerse al imperialismo y a su guerra, y que el único camino para acabar con ambos era la derrota del capitalismo, del que ambos surgen.

Dicha resolución logró la aprobación, pero aun así cada vez se hacía más evidente que muchos de aquellos líderes que no apoyaban abiertamente al colonialismo, tampoco concebían la lucha contra el imperialismo en términos revolucionarios.

Estos líderes, cuyo principal vocero era Kautsky, adoptaron el punto de vista de que el imperialismo no derivaba necesariamente del capitalismo, sino que era un absceso que la clase capitalista en su totalidad quería sacarse de encima. La teoría de Kautsky era que el imperialismo era un método de expansión apoyado por ciertos grupos capitalistas, poco numerosos pero poderosos (los bancos, los grandes fabricantes de armas), lo que era contrario a las necesidades de la clase capitalista en su totalidad, ya que las erogaciones en armamentos reducían el capital disponible para inversiones en el país y en el exterior, y en consecuencia afectaban a la mayor parte de la clase capitalista, la que progresivamente aumentaría su oposición a la política de la expansión imperialista armada. Haciéndose eco de estas ideas, Bernstein sostuvo confidencialmente en 1911 que el deseo de paz se estaba volviendo universal y que la guerra no estallaría. La carrera armamentista, de acuerdo con el marxismo centrista dirigido por Kautsky, era una anomalía que podía superarse por medio de un acuerdo de desarme general, Cortes de arbitraje internacional, alianzas para la paz, y la formación de los Estados Unidos de Europa. En una palabra, el marxismo centrista confiaba en los poderes fácticos para traer la paz a la tierra.

Rosa hizo mil pedazos este pacifismo capitalista brillantemente: "...la creencia de que es posible un capitalismo sin expansión es la fórmula teórica para cierta tendencia táctica definida. Este concepto tiende a considerar la fase imperialista no como una necesidad histórica, no como el encuentro final entre capitalismo y socialismo, sino más bien como maliciosa invención de un grupo de partidos interesados. Trata de persuadir a la burguesía de que el imperialismo y militarismo son deletéreos, aun desde el punto de vista de los intereses de la burguesía, con la esperanza de que entonces ésta sea capaz de aislar al conjunto de partidos interesados y formar así un bloque entre el proletariado y la mayor parte de la burguesía, con vistas de «desviar» al imperialismo, «rendirlo» mediante el desarme parcial, y «apartar su aguijón». De la misma manera que el liberalismo burgués en su período de decadencia apelaba, de los «ignorantes» monarcas a los «esclarecidos» monarcas, ahora el marxismo centrista propone apelar de la burguesía «irrazonable» a la burguesía «razonable» con el objeto de disuadirla de una política de imperialismo con todos sus catastróficos resultados, hacia una política de tratados desarmamentistas internacionales; de una lucha armada por el dominio del mundo, hacia una pacífica federación de estados democráticos nacionales. El rendimiento general de cuentas entre el proletariado y el capitalismo, la solución de las grandes contradicciones entre ellos, se resuelven solas en un idílico compromiso para la «mitigación de las contradicciones imperialistas entre los estados capitalistas»." (GW, III, p481).

Estas palabras son aptas no sólo para el pacifismo burgués de Kautsky y de Bernstein, sino también para todos aquellos que adhieren a la Liga de las Naciones, a las Naciones Unidas, a la Seguridad Colectiva, o a las Conferencias Cumbre.

Rosa demostró que el imperialismo y la guerra imperialista no podían superarse en el marco del capitalismo, ya que surgían de los intereses vitales de la sociedad capitalista.

Los Principios directores, redactados por Rosa, establecían: "el imperialismo, última fase y más alto desarrollo del dominio político del capitalismo, es el enemigo mortal de los trabajadores de todos los países...La lucha contra el imperialismo es al mismo tiempo la lucha del proletariado por el poder político, el conflicto decisivo entre capitalismo y socialismo. La meta final del socialismo sólo puede lograrse si el proletariado internacional lucha intransigentemente contra el imperialismo como totalidad, y se apropia de la consigna «guerra contra guerra» como una guía práctica para la acción, apelando a toda su fuerza y a toda su capacidad de autosacrificio." (Dokumente, I, pp280-281).

Así, el tema central de la política antiimperialista de Rosa era que la lucha contra la guerra es inseparable de la lucha por el socialismo.

Con gran pasión, Rosa culmina su folleto antibélico más importante, La crisis de la socialdemocracia (más conocido como el Folleto Junius, ya que lo escribió con el seudónimo de Junius): "Pero la actual furia de la bestialidad imperialista en los campos de Europa produce, además, otra consecuencia que deja al "mundo civilizado" completamente indiferente: la desaparición masiva del proletariado europeo... Es nuestra fuerza y nuestra esperanza la que es sesgada diariamente, hilera tras hilera, como la hierba bajo la hoz. Son las mejores, las más inteligentes, las más preparadas fuerzas del socialismo internacional, los portadores de las más sagradas tradiciones y del más audaz heroísmo del moderno movimiento obrero, las vanguardias de todo el proletariado mundial: los obreros de Inglaterra, de Francia, de Bélgica, de Alemania y de Rusia los que ahora son amordazados y asesinados en masa...Es mucho más grave que la atroz destrucción de Lovaina y de la catedral de Reims... Es un golpe mortal contra la fuerza que lleva en su seno el futuro de la humanidad y que puede salvar todos los valiosos tesoros del pasado en una sociedad mejor. Aquí el capitalismo descubre su cabeza cadavérica, aquí confiesa que ha caducado su derecho histórico a la existencia, que su dominación ya no es compatible con el progreso de la humanidad.

"¡Alemania, Alemania por encima de todo! ¡Viva la democracia! ¡Viva el zar y el eslavismo! ¡Diez mil tiendas de campaña, garantía estándar! ¡Cien mil kilos de manteca, de sucedáneos de café, a entregar inmediatamente...! Los dividendos suben y los proletarios caen. Y con cada uno de ellos cae un combatiente del futuro, un soldado de la revolución, un salvador de la humanidad del yugo del capitalismo.

"La locura cesará y el fantasma sangriento del infierno desaparecerá cuando los obreros de Alemania y de Francia, de Inglaterra y de Rusia despierten una vez de su delirio, se tiendan las manos fraternalmente y acallen el coro bestial de los factores imperialistas de la guerra y el ronco bramido de las hienas capitalistas, con el viejo y poderoso grito de batalla de los obreros: ¡Proletarios de todos los países, uníos!" (FJ pp106-108)

Con poder de visionaria Rosa señala: "«la sociedad burguesa se encuentra ante un dilema: o avance hacia el socialismo o recaída en la barbarie.» ...nos encontramos, como Federico Engels pronosticaba ya hace una generación, hace 40 años, ante la alternativa: o el triunfo del imperialismo, el ocaso de toda civilización y, como en la vieja Roma, despoblamiento, degeneración, desolación, un enorme cementerio; o victoria del socialismo, es decir, de la lucha consciente del proletariado internacional contra el imperialismo y su método: la guerra. Éste es el dilema de la historia mundial; una alternativa, una balanza cuyos platillos oscilan ante la decisión del proletariado con conciencia de clase." (FJ p20)

Y nosotros, que vivimos a la sombra de la bomba H...

Capítulo 5 Partido y clase

El hombre hace la historia

Rosa ha sido acusada de materialismo mecanicista, una concepción del desarrollo histórico en el que las fuerzas económicas objetivas son independientes de la voluntad del hombre. Tal acusación es totalmente infundada. Han sido muy pocos los grandes marxistas que han puesto mayor énfasis que Rosa en la actividad del hombre como factor determinante del destino de la humanidad. Rosa escribió:

"Los hombres no hacen su historia libremente. Pero la hacen ellos mismos. El proletariado depende en su acción del grado de madurez correspondiente al desarrollo social, pero el desarrollo social no se produce al margen del proletariado, es en igual medida tanto su motor y causa, su producto y su resultado. Su propia acción es parte codeterminante de la historia. Y si bien no podemos saltar por encima de ese desarrollo histórico más que lo que cualquier hombre puede pasar por encima de su propia sombra, podemos acelerarlo o retardarlo... La victoria del proletariado socialista... es resultado de ineluctables leyes de la historia, de millares de escalones de una evolución anterior penosa y demasiado lenta. Pero nunca podrá ser llevado a cabo si, de todo ese substrato de condicio-

41

nes materiales acumuladas por la evolución, no salta la chispa incandescente de la voluntad consciente de la gran masa del pueblo." (FJ pp19-20).

Siguiendo la línea de pensamientos propugnada por Marx y Engels, Rosa sostenía que la conciencia de los fines del socialismo por parte de la masa de trabajadores es un prerrequisito necesario para el logro del socialismo. El Manifiesto Comunista establece: "Todos los movimientos han sido hasta ahora realizados por minorías o en provecho de minorías. El movimiento proletario es un movimiento propio de la inmensa mayoría en provecho de la inmensa mayoría"[8]. En otra ocasión Engels escribió: "La época... de las revoluciones hechas por pequeñas minorías conscientes a la cabeza de las masas inconscientes, ha pasado. Allí donde se trata de una transformación completa de la organización social, tienen que intervenir directamente las masas, tienen que haber comprendido ya por sí mismas de qué se trata, por qué dan su sangre y su vida."[9]

En el mismo sentido, Rosa escribió: "Sin la voluntad consciente y la acción consciente de la mayoría del proletariado no puede haber socialismo..." (AR, II, p606).

Otra vez en el Programa del Partido Comunista de Alemania (Espartaco), redactado por ella misma, Rosa señala:

"La Liga Espartaco no es un partido que pretenda alcanzar el poder por encima o a través de las masas trabajadoras. La Liga Espartaco es únicamente la parte más consecuente del proletariado, que, en cada momento, señala a las masas amplias de la clase obrera sus tareas históricas y que en cada estadio particular de la revolución defiende el fin último socialista, igual que en las cuestiones nacionales defiende los intereses de la revolución mundial...

"La Liga Espartaco únicamente tomará el poder cuando ello se derive de la voluntad clara y explícita de la gran mayoría del proletariado en toda Alemania, esto es, únicamente como resultado de la aprobación consciente por parte del proletariado de los criterios, los objetivos y los métodos de lucha de la Liga Espartaco.

"La revolución tan sólo puede alcanzar claridad y madurez completas de un modo paulatino, a lo largo del camino del Calvario de las experiencias amargas, las derrotas y las victorias.

"La victoria de la Liga Espartaco no es el comienzo, sino el fin de la revolución y coincide con la victoria de los millones de proletarios socialistas." (QP pp160-161).

La clase y el partido

El proletariado como clase debe ser consciente de los objetivos del socialismo y de los métodos para lograrlo, pero aún así, necesita de un partido revolucionario que lo dirija. En cada fábrica, en cada muelle, en cada obra en construcción, hay trabajadores más avanzados -es decir trabajadores más experimentados en la lucha de clases, más independientes de la influencia de la clase capitalista- y trabajadores menos avanzados. Corresponde a los primeros lograr la organización en un partido revolucionario y tratar de influir y dirigir a los segundos. Como dijo Rosa: "Este movimiento de masas del proletariado necesita la dirección de una fuerza organizada basada en fuertes principios." (AR, I, p104).

El partido revolucionario, aunque consciente de su papel dirigente, debe cuidarse de no caer en una línea de pensamiento que lo lleve a creer que el partido es la fuente de toda corrección y virtudes, mientras que la clase trabajadora permanece como una masa inerte y sin iniciativas:

"Por supuesto, a través del análisis teórico de las condiciones sociales de la lucha, la Social Democracia ha introducido hasta un grado sin precedentes el elemento de la conciencia en la lucha de clase proletaria; dio a la lucha de clases su claridad de fines; creó, por primera vez, una organización permanente de las masas trabajadoras, configurando así la columna vertebral de la lucha de clases. No obstante, sería para nosotros un error catastrófico pretender, de ahora en adelante, que toda iniciativa histórica del pueblo deba pasar por las manos de la organización socialdemócrata únicamente, y que las masas desorganizadas del proletariado se hayan convertido en una cosa amorfa, en el peso muerto de la historia. Por el contrario, las masas populares continúan siendo la materia vívida de la historia mundial, aun en presencia de la Social Democracia; y sólo si hay sangre circulando entre los núcleos organizados y las masas populares, sólo sin un latido de vitalidad a ambos, puede la Social Democracia mostrar que es capaz de grandes hazañas históricas." (Leipziger Volkszeitung, págs 26-28, junio de 1913)

En consecuencia, el partido no debe extraer tácticas del aire, sino imponerse como primera obligación aprender de la experiencia de los movimientos de masas y después generalizar teniendo en cuenta esa experiencia. Los grandes acontecimientos de la historia de la clase trabajadora han demostrado más allá de toda duda el acierto de poner el acento en este punto. En 1871 los trabajadores de París establecieron una nueva forma de estado -un estado sin ejército permanente ni burocracia, con la elegibilidad y la amovilidad de los fun-

cionarios, quienes recibían el salario promedio de un traba-
jador- antes de que Marx empezara a generalizar acerca de
la naturaleza y estructura de un estado obrero. Nuevamente
en 1905, los trabajadores de Petrogrado establecieron un So-
viet independientemente del Partido Bolchevique, de hecho
en oposición a la dirección bolchevique local, y enfrentando
por lo menos las suspicacias, si no la animosidad, del propio
Lenin. Por lo tanto, no podemos dejar de estar de acuerdo
con Rosa cuando escribe, en 1904: "Los rasgos generales de
la táctica de lucha de la socialdemocracia no los «inventa»
nadie, sino que son el resultado de una serie ininterrumpida
de grandes actos creadores de la lucha primitiva de clase de
carácter experimental. También aquí lo inconsciente precede
a lo consciente y la lógica del proceso histórico objetivo a la
lógica subjetiva de los actores." (PO, p119-120).

No es mediante las enseñanzas didácticas de los líderes del
partido que los trabajadores aprenden. Como dijo Rosa, con-
tradiciendo a Kautsky y Cía: "Piensan que educar a las masas
proletarias en el espíritu socialista significa darles conferencias, distribuir panfletos. ¡No! La escuela proletaria socialista
no necesita de eso. La actividad misma educa a las masas."
(Discurso en el Congreso de fundación del Partido Comunista Alemán).

Finalmente, Rosa llega a esta conclusión: "Los errores co-
metidos por un movimiento obrero verdaderamente revolucionario son infinitamente más fructíferos y valiosos desde
el punto de vista de la historia que la infalibilidad del mejor
«comité central»." (PO, p130).

Colocando tal énfasis (muy acertadamente) sobre el poder
creativo de la clase trabajadora, Rosa estaba, no obstante, in-

clinada a subestimar el efecto retardatario y perjudicial que una organización conservadora podía tener sobre la lucha de masas. Creía que el repentino ascenso de las masas barrería con tal liderazgo, sin que el movimiento mismo sufriera serios daños. En 1906 escribió: "Si por cualquier motivo y en cualquier momento, se producen en Alemania grandes luchas políticas y huelgas de masas, se iniciará, al mismo tiempo, una era de gigantescas luchas sindicales, sin que los acontecimientos se pregunten si los dirigentes sindicales aprueban o no el movimiento. Si se mantuvieran apartados o trataran de oponerse a la lucha, la consecuencia sería simplemente que los dirigentes del sindicato, al igual que los dirigentes del partido, en caso análogo, serían marginados por el desarrollo de los acontecimientos, y las luchas, tanto las económicas como las políticas, serían llevadas adelante por las masas, se prescindirían de ellos." (HM, p189).

Este era el tema que Rosa reiteraba una y otra vez.

Raíces históricas de los criterios de Rosa Luxemburg

Para alcanzar las raíces de la posible subestimación de Rosa respecto del rol de la organización y de su posible sobreestimación del papel de la espontaneidad, es necesario observar la situación en que ella trabajaba. En primer lugar, debía luchar contra la oportunista dirección del Partido Social Demócrata Alemán. Esta dirección privilegiaba desproporcionadamente el factor organizativo, y no tenía en cuenta la espontaneidad de las masas. Aún allí donde aceptaba, por ejemplo, la posibilidad de una huelga de masas, la dirección reformista razonaba así: las condiciones en que se encarará la huelga, y también el momento adecuado -cuando las arcas del sindicato estén repletas, por ejemplo- serán determinados únicamente por el partido y por la dirección del sindicato, y también ellos fijarán la fecha. Además se arrogaban la tarea de determinar las metas de la huelga, que eran, según Bebel, Kautsky, Hilferding, Bernstein y otros, lograr alguna concesión o defender al Parlamento. Sobre todo, una regla era inviolable: los trabajadores no debían hacer nada que no fuera ordenado por el partido y su dirección. Fue con esta idea del partido poderoso y de las masas impotentes que Rosa libró la batalla. Pero al hacerlo quizá inclinó demasiado la balanza.

Otra ala del movimiento obrero con la que Rosa tuvo que lidiar era el PPS polaco. El PPS tenía una organización chauvinista, siendo su fin reconocido la independencia nacional de Polonia. Pero no había una base social de masas para su lucha: los terratenientes y la burguesía permanecían apartados de la lucha nacional, en tanto que el proletariado polaco -que consideraba a los trabajadores rusos sus aliados- no sentía ningún deseo de luchar por un estado nacional (véase el Capítulo 6, Rosa Luxemburg y la cuestión nacional). Bajo estas condiciones, el PPS adoptaba actividades de carácter aventurero, tales como la organización de grupos terroristas y cosas semejantes. La acción no se basaba en la clase trabajadora como una totalidad, sino únicamente en las organizaciones del partido. Aquí tampoco contaba para nada el proceso social, sino la dirección. Aquí también -en su larga lucha contra el voluntarismo del PPS- Rosa puso el acento en el factor de espontaneidad.

Una tercera corriente del movimiento obrero contra la que Rosa luchó fue el anarcosindicalismo[10]. La base principal de esta tendencia estaba en Francia, donde echó sus raíces en el fértil terreno del atraso industrial y la falta de concentración.

Cobró fuerzas después de la serie de derrotas sufridas por el movimiento obrero francés en 1848 y 1871, y de la traición de Millerand y del partido de Jaurés, que despertaron la suspicacia entre los trabajadores de todas las actividades y organizaciones políticas. El anarcosindicalismo, fuertemente influido por tendencias anarquistas, identificaba la huelga general con la revolución social, en lugar de considerarla sólo como un elemento fundamental de la revolución proletaria moderna. Estaban convencidos de que la huelga general podía empezar mediante una simple orden, y que a ella le seguiría la derrota del gobierno de la burguesía. Una vez más acentuaban y al mismo tiempo simplificaban el factor revolucionario: es decir, que la voluntaria y libre decisión de los líderes, independiente de la compulsión del ascenso repentino de las masas, podría iniciar acciones decisivas. Los reformistas alemanes, al mismo tiempo que rechazaban este voluntarismo, desarrollaban una tendencia similar. Mientras los sindicalistas franceses hacían una caricatura de la huelga de masas y de la revolución, los oportunistas alemanes, al reírse de ella, excluían la idea general de las huelgas de masas y de las revoluciones. Rosa batallaba al mismo tiempo contra la rama alemana del voluntarismo y contra la edición francesa en su forma sindicalista; ambas mostraban ser, esencialmente, una negativa burocrática de la iniciativa de los trabajadores y de la automovilización.

Juicio crítico de los criterios de Rosa acerca de las relaciones entre la clase y el partido

La principal razón de la sobreestimación que hacía Rosa del factor espontaneísta y de la subestimación que hacía del factor organizativo, reside probablemente en la necesidad, en la lucha inmediata contra el reformismo, de poner el acento sobre la espontaneidad como primer paso de toda revolución. A partir de este primer paso en la lucha del proletariado, Rosa hizo una generalización demasiado amplia como para abarcar la lucha en su totalidad.

Verdaderamente, las revoluciones comienzan con hechos espontáneos sin la dirección de un partido. La Revolución Francesa empezó con la toma de la Bastilla. Nadie la había organizado. ¿Había un partido a la cabeza del pueblo en rebelión? No. Ni siquiera los futuros líderes del jacobinismo, por ejemplo Robespierre, se habían opuesto aún a la monarquía, ni se habían organizado como partido. El 14 de Julio de 1789 la revolución fue un acto espontáneo de las masas. La misma verdad se aplica a la revolución rusa de 1905 y a la de febrero de 1917. La de 1905 comenzó a raíz de un choque sangriento entre los ejércitos del Zar y la policía por un lado, y la masa de trabajadores, hombres, mujeres y niños por el otro, dirigidos por el cura Gapón (quien era en realidad un agente provocador al servicio del Zar). ¿Estaban los trabajadores organizados por una dirección clara y decisiva con una política socialista propia? Por cierto que no. Arrastrando iconos, fueron a rogar a su amado "Padrecito" -el Zar- que les ayudara contra sus explotadores. Este fue el primer paso de una gran revolución. Doce años más tarde, en febrero de 1917, las masas -esta vez más experimentadas y con mayor número de socialistas que en la revolución anterior- nuevamente se levantaron espontáneamente. Ningún historiador ha sido capaz de señalar al organizador de la revolución de febrero, sencillamente porque no había sido organizada.

Sin embargo las revoluciones, después de haber sido impulsadas por un levantamiento espontáneo, se desarrollan de distintas maneras. En Francia, la transición entre el gobierno semirrepublicano de la Gironda y el gobierno revolucionario, que aniquiló por completo las relaciones feudales de propiedad, no fue llevada a cabo por masas desorganizadas sin ninguna dirección de partido, sino bajo la decisiva dirección del Partido Jacobino. Sin tal partido en el timón, este importante paso que exige una lucha sin tregua contra los girondinos, hubiera resultado imposible. El pueblo de París podía, espontáneamente, sin líderes, después de décadas de opresión, levantarse contra el rey; pero la mayor parte del pueblo era demasiado conservadora, demasiado carente de experiencia histórica y conocimientos como para distinguir, después de dos o tres años de revolución, entre quienes deseaban conducirla hasta sus últimas instancias y quienes apuntaban a alguna componenda. La situación histórica requería un esfuerzo sin tregua contra el partido pactador, que había sido aliado. La conducción consciente de esta gran empresa fue cumplida por el Partido Jacobino, que fijó la fecha y organizó la caída de la Gironda hasta el último detalle, para el 10 de agosto de 1792. De la misma manera, la revolución de octubre no fue un acto espontáneo, sino organizado por los bolcheviques prácticamente en todos sus detalles de importancia, incluso la fecha. Durante los zigzags de la revolución entre febrero y octubre -la demostración de junio, los días de julio y su consecuente retirada, el rechazo del putsch del derechista Kornilov, etc.- los trabajadores y soldados fueron aceptando cada vez más la influencia y guía del Partido bolchevique. Y este partido fue esencial para elevar a la revolución desde sus primeros pasos hasta la victoria final.

Al aceptar que quizá subestimó la importancia del partido, no debemos ignorar el verdadero mérito histórico de Rosa Luxemburg al luchar contra el reformismo reinante, poniendo el acento en la más importante fuerza que podía quebrar la corteza conservadora: la espontaneidad de los trabajadores. La constante pujanza de Rosa residía en su absoluta confianza en la iniciativa histórica de los trabajadores.

Al señalar algunas de las deficiencias en la posición de Rosa, con respecto a los vínculos entre espontaneidad y dirección en la revolución, debemos cuidarnos de no llegar a la conclusión de que sus críticos en el movimiento revolucionario -sobre todo Lenin- estaban en todo sentido más próximos a un análisis marxista correcto y equilibrado.

La concepción de Lenin

En tanto Rosa había trabajado en un ambiente en el que el principal enemigo del socialismo revolucionario era el centralismo burocrático, con el resultado de que ella constantemente acentuaba la actividad primaria de las masas, Lenin había tenido que lidiar con la calidad amorfa del movimiento obrero en Rusia, donde el mayor peligro era la subestimación del elemento organizativo. De la misma manera que no se pueden comprender los criterios de Rosa si se los aísla de las condiciones de los países y de los movimientos obreros en que ella trabajó, es difícil entender la posición de Lenin sin la debida referencia a las concretas condiciones históricas del movimiento obrero en Rusia.

Lenin vuelca su concepción de la relación entre espontaneidad y organización principalmente en dos obras: ¿Qué hacer? (1902) y Un paso adelante, dos pasos atrás (1904). En el momento en que fueron escritas, el movimiento obrero ruso no podía compararse en potencia con el de Europa Occidental, especialmente con el de Alemania. Se integró con grupos aislados, pequeños, más o menos autónomos, sin una política convenida en común, y sólo bajo la influencia tangencial de líderes marxistas que estaban en el exterior: Plejanov, Lenin, Martov, Trotsky. Estos grupos, por debilidad y aislamiento, apuntaban bajo. Mientras los trabajadores rusos se elevaban a un alto nivel de combatividad en las huelgas de masas y manifestaciones, los grupos socialistas sólo propugnaban demandas económicas inmediatas viables; la llamada tendencia "economicista" era la predominante en dos grupos socialistas. El ¿Qué hacer? era un ataque despiadado al "economicismo" o al sindicalismo puro. Lenin argüía que la espontaneidad de la lucha de masas -tan obvia en Rusia en ese momento- debía complementarse con la conciencia y organización de un partido. Decía que debía crearse un partido a nivel estatal con un diario propio, a fin de unificar las agrupaciones locales e infundir en el movimiento obrero una conciencia política. Sostenía que la teoría socialista debía llevarse al proletariado desde afuera: ése era el único camino por el que el movimiento obrero podía encaminarse a la lucha por el socialismo. El proyectado partido debía estar formado, en su mayoría, por revolucionarios profesionales, que trabajaran bajo una dirección centralizada al máximo. La dirección política del partido debía formar el comité editorial del diario. La dirección tendría autoridad para organizar o reorganizar las ramas del partido en el interior del país, admitir o rechazar miembros, y designar comités locales. En 1904, Lenin escribió, criticando a los mencheviques: "La idea básica del camarada Martov... es justamente falso «democratismo», la idea de la construcción del partido de abajo hacia arriba. Mi idea, por el contrario, es el «burocratismo», en el sentido de que el partido debe construirse de arriba hacia abajo, del Congreso a la organización del partido individual." (Lenin, Obras [en ruso], VII, pp365-366).

¡Cuántas veces los estalinistas, y muchos de los llamados no-estalinistas, los tantos epígonos de Lenin, citan a ¿Qué hacer? y a Un paso adelante, dos pasos atrás, como si fueran aplicables in toto, en todos los países y movimientos, cualesquiera que sea su estado de desarrollo!

Lenin estaba muy lejos de estos llamados leninistas. Ya en 1903, en el Segundo Congreso del Partido Social Demócrata Ruso señaló algunas exageraciones aparecidas en ¿Qué hacer?: "Hoy todos sabemos que los «economistas» han torcido la barra de un lado. Para enderezar la barra, alguien tenía que torcerla del otro, y eso fue lo que yo hice." (Lenin, Obras Completas [en castellano], Tomo VII, p288). Dos años después en un proyecto de resolución escrito para el Tercer Congreso, puso de relieve que sus puntos de vista organizativos no eran aplicables universalmente: "En condiciones políticas de libertad, nuestro partido puede y debe rehacer enteramente las leyes electorales. Bajo el absolutismo, esto es irrealizable...". Durante la revolución de 1905, con el gran aumento de miembros en el partido, Lenin dejó de hablar de revolucionarios profesionales. El partido había dejado de ser una organización elitista: "En el III Congreso del Partido expresé el deseo de que en los comités del Partido hubiera aproximadamente ocho trabajadores por cada dos intelectuales. ¡Cómo ha envejecido esta sugerencia! Hoy sería de desear que en las nuevas organizaciones del Partido, por cada miembro procedente de la intelectualidad socialdemócrata correspondieran varios centenares de obreros socialdemócratas." (Lenin, Obras Completas [en castellano], Tomo XII, p91n).

En ¿Qué hacer? Lenin escribió que los trabajadores, mediante su propio esfuerzo, alcanzarían únicamente una conciencia trade-unionista; luego escribe: "La clase obrera es instintiva y espontáneamente socialdemócrata". (Lenin, Obras Completas [en castellano], Tomo XII, p86). "La especial condición del proletariado en la sociedad capitalista conduce a un esfuerzo de los trabajadores hacia el socialismo; en los primeros estadios del movimiento creció espontáneamente su unión con el partido Socialista." Mientras en 1902 quería que el partido fuera un pequeño grupo cerrado, con miembros de un nivel exclusivo, en 1905 escribió que los trabajadores debían incorporarse "de a cientos de miles a las filas de las organizaciones del partido." (Obras). En 1917, en una introducción de la colección *Doce años* dijo nuevamente: "El error básico de aquellos que polemizan hoy con ¿Qué hacer?, es que separan este trabajo del contexto de un determinado medio histórico, de un largo período de desarrollo del partido, hoy ya superado... El ¿Qué hacer? rectificó, por medio de la polémica, al economismo, y es falso considerar el contenido del folleto fuera de su conexión con esta tarea." (Obras). No deseando que ¿Qué hacer? fuera mal interpretado, Lenin vio con disgusto, en 1921, la traducción a idiomas no rusos. Dijo a Max Levien: "no es deseable; la traducción debería editarse por lo menos con buenos comentarios, que tendrían que ser escritos por un camarada ruso muy enterado de la historia del Partido Comunista Ruso, con el fin de evitar su mal empleo."[11]

Cuando la Internacional Comunista discutía sus estatutos, Lenin se oponía a los propuestos, porque decía que eran "demasiado rusos" y sobreacentuaban la centralización, aunque proveyeran libertad de crítica dentro de los partidos, y control de la dirección del partido desde abajo. Lenin argüía que el exceso de centralización no se adaptaba a las condiciones de Europa Occidental. (Es cierto que en el propio partido de Lenin, la organización era en ese momento de alta centralización, casi semimilitar, pero esta situación estaba forzada por las horrendas condiciones de la guerra civil).

Los criterios de Lenin acerca de la organización, su inclinación al centralismo, deben considerarse en el marco de las condiciones imperantes en Rusia.

En la retrógrada Rusia zarista, donde la clase obrera era una pequeña minoría, la idea de que pudiera liberarse a sí misma podía dejarse de lado con mucha facilidad; tanto más teniendo en cuenta que Rusia tenía una larga tradición de organizaciones minoritarias que trataban de ser reemplazadas por la actividad primaria de las masas. En Francia fue el pueblo quien derrotó a la monarquía y al feudalismo; en Rusia los decembristas y los terroristas de Narodnik tomaron a su cargo esta tarea.[12]

La aseveración de Marx acerca de la naturaleza democrática del movimiento socialista, citada anteriormente, y la de Lenin de que la socialdemocracia revolucionaria representa "el jacobinismo indisolublemente conectado con la organización del proletariado", son decididamente contradictorias. Una minoría consciente, organizada, a la cabeza de una masa del pueblo desorganizada, se adapta a la revolución burguesa, que es, después de todo, una revolución en interés de la minoría. Pero la separación entre una minoría consciente y una mayoría inconsciente, la separación entre el trabajo manual y el trabajo mental, la existencia de directores y regentes por un lado y de una masa de trabajadores obedientes por el otro, sólo puede implantarse en el "socialismo" si se mata su verdadera esencia: el control colectivo de los trabajadores frente a su destino.

Sólo mediante la yuxtaposición de los conceptos de Rosa y los de Lenin podemos intentar evaluar las limitaciones históricas de ambos, que se adaptaban inevitablemente al ambiente en que cada uno de ellos trabajó.

Contra el sectarismo

Categórica como era al afirmar que la liberación de los trabajadores sólo podría llevarse a cabo por la propia clase trabajadora, Rosa se impacientaba con todas las tendencias sectarias, que se expresaban mediante desprendimiento de los movimientos de masas y de las organizaciones de masas.

Aunque en desacuerdo durante años con la dirección mayoritaria del Partido Social Demócrata Alemán, seguía insistiendo que la obligación de los socialistas revolucionarios era permanecer en la organización. Aún después que el SPD se colocó del lado de la guerra imperialista, después que Karl Liebknecht fuera expulsado del grupo parlamentario del SPD (12 de enero de 1916), Rosa y Liebknecht seguían adhiriendo al partido, sustentando la teoría de que un desprendimiento convertiría al grupo revolucionario en una secta. Ella mantuvo este punto de vista no sólo cuando era líder de un reducido e insignificante grupo revolucionario; por el contrario, se mantuvo fiel a este pensamiento cuando la Liga Espartaco cobró influencia llegando a ser una fuerza bastante reconocida, a medida que la guerra se prolongaba.

Como hemos visto, el 2 de diciembre de 1914, un solo diputado, Liebknecht, votó contra los créditos de guerra. En marzo de 1915, se le unió otro, Otto Rühle. En junio de 1915, unos mil funcionarios del partido firmaron un manifiesto de oposición a la política de colaboración de clases, y en diciembre del mismo año, veinte diputados votaron en contra de los créditos de guerra en el Reichstag. En marzo de 1916, el grupo parlamentario del SPD expulsó de su seno a la creciente oposición, pero no tuvo poder para expulsarla del partido.

Lo que ocurría en el Parlamento era reflejo de lo que estaba ocurriendo fuera, en las fábricas, en las calles, en las ramificaciones del partido y en la organización de la Juventud Socialista.

El periódico antibélico Die Internationale, dirigido por Rosa y Franz Mehring, distribuyó en sólo un día 5.000 ejemplares de su primer y único número (fue inmediatamente cerrado por la policía) (Dokumente II, p135). La Juventud Socialista, en una conferencia secreta celebrada en semana santa de 1916, se declaró fervientemente a favor de la Liga Espartaco. El 1 de Mayo de 1916, alrededor de diez mil trabajadores realizaron una manifestación antibélica en la Postdamer Platz, en Berlín. En otras ciudades, como Dresden, Jena y Hanau, también se hicieron manifestaciones con el mismo sentido. El 28 de junio de 1916, el mismo día que Liebknecht era condenado a dos años y medio de trabajos forzados, cincuenta y cinco mil trabajadores de fábricas de municiones de Berlín se declararon en huelga en un acto de solidaridad con él. Ese mismo día se cumplieron manifestaciones y huelgas en Stuttgart, Bremen, Braunschweig y otras ciudades. En abril de 1917, bajo la influencia de la Revolución Rusa, se desató una gran ola de huelgas en las fábricas de pertrechos de guerra de todo el país; solamente en Berlín, se plegaron alrededor de trescientos mil trabajadores. Otra ola de huelgas similares que englobó un millón y medio de trabajadores se desató en febrero de 1918.

Estas huelgas eran, en gran medida, de naturaleza política. La huelga de alrededor de medio millón de trabajadores en Berlín exigía la paz inmediata sin anexiones ni indemnizaciones, y el derecho a la autodeterminación de las naciones; como slogan principal surgió el grito revolucionario de "Paz, libertad, pan". Seis trabajadores fueron asesinados durante la huelga, y muchos de ellos heridos. Miles de huelguistas fueron reclutados forzosamente por el ejército.

En esta situación Rosa Luxemburg seguía argumentando quedarse dentro del SPD, hasta abril de 1917, cuando el Centro, dirigido por Kautsky, Bernstein y Hasse, se escindió de la Derecha y formó un nuevo partido, el Partido Social Demócrata Independiente (USPD). El USPD fue un partido puramente parlamentario, que no quería incitar a los trabajadores a hacer huelgas de masas y manifestaciones contra la guerra, sino que se planteaba presionar a los Gobiernos de los países beligerantes para que negociasen la paz. La Liga Espartaco, formada en enero de 1916 como fracción dentro del SPD, ahora se vinculó tenuemente al USPD, manteniendo su propia organización y su derecho de actividad independiente. Sería sólo después del estallido de la revolución alemana -el 29 de diciembre de 1918- que la Liga Espartaco, por fin, rompería sus lazos con el USPD para establecer un partido independiente, el Partido Comunista de Alemania (Espartaco).

Entre los revolucionarios de rango hubo constantes presiones para abandonar el SPD y más tarde el USPD. Pero Rosa se oponía. Hubo un precedente; un conato de rompimiento en 1891, cuando un grupo bastante amplio de revolucionarios se separó del SPD acusándolo de reformismo, y fundó un Partido Socialista Independiente, de muy corta vida antes de su completa desaparición.

El 6 de enero de 1917, Rosa expuso sus argumentos contra los revolucionarios que deseaban separarse del SPD:

"Aunque sea loable y comprensible la impaciencia y amargura que lleva a tantos de los mejores elementos a abandonar al partido ahora, una huida es siempre una huida. Es una traición de las masas que, vencidas a la burguesía, se retuercen y ahogan por el avasallador dominio de Scheidemann y Legien. Uno puede apartarse de pequeñas sectas cuando ya no le satisfacen, con el fin de fundar nuevas sectas. Desear liberar a las masas proletarias del terrible y pesado yugo de la burguesía mediante una simple ruptura, y dar así un ejemplo de valentía, no es más que una fantasía inmadura. Quitarse de encima el carnet como una ilusión de liberación, es nada más que el reflejo de la ilusión mental, de que el poder es inherente al carnet. Ambos son diferentes polos del cretinismo organizativo, de la enfermedad constitucional de la vieja social democracia alemana. El colapso de la social democracia alemana es un proceso histórico de enormes dimensiones, una lucha general entre la clase trabajadora y la burguesía, y no debemos abandonar este campo de batalla con el fin de respirar aire más puro detrás de un arbusto protector. Esta batalla de gigantes debe librarse hasta el fin. La lucha contra la influencia paralizadora de la social democracia oficial y de los sindicatos libres oficiales, que fue impuesta por la clase dominante a la despistada y traicionada clase trabajadora, debe hacerse hasta el final y con todo esfuerzo. Debemos permanecer hasta el fin, al lado de las masas, aún en las más terribles luchas. La liquidación de este «montón de corrupción organizada» que hoy se llama a sí misma social democracia, no es una cuestión privada de unos pocos, o de unos pocos grupos... El destino decisivo de la lucha de clases en Alemania, será durante décadas la lucha contra las autoridades de la social democracia y de los sindicatos, así que estas palabras se aplican a cada uno de nosotros hasta el final: «Aquí estoy, no puedo hacer otra cosa»." (Dokumente, II, p525)

Su oposición a abandonar al partido de las masas trabajadoras no hacía ninguna concesión al reformismo. Así fue como en una conferencia de Espartaco, celebrada el 7 de enero de 1917, se aprobó la siguiente resolución, inspirada por ella: "La oposición permanece en el partido con el objeto de desbaratar y luchar en contra de la política de la mayoría a cada paso, para defender a las masas de una política imperialista disfrazada bajo el manto de la social democracia, y para usar al partido como campo de nucleamiento de la lucha de clases proletaria y antimilitar." (Dokumente, II, p528).

La renuncia de Rosa a formar un partido revolucionario independiente era consecuencia lógica de su lentitud para reaccionar frente a circunstancias de cambio. Este era un elemento central en la tardanza en construir un partido revolucionario en Alemania. En esto, de todos modos, no era la única. Lenin no fue más veloz que ella en romper con Kautsky. No hay fundamento en la historia estalinista que hace suponer que Lenin se opusiera a la adhesión de la izquierda revolucionaria al SPD y a continuar la asociación con Kautsky. En realidad, Rosa hizo una crítica más clara de Kautsky y Cía., y rompió con ellos mucho antes que Lenin. Durante alrededor de dos décadas, Lenin consideró a Kautsky como al más grande marxista viviente. Unos pocos ejemplos: en el que ¿Qué hacer? cita a Kautsky como la mayor autoridad en su tema central, y ensalza al Partido Social Demócrata Alemán como modelo para el movimiento ruso. En diciembre de 1906 Lenin escribió: "Los obreros avanzados de Rusia conocen desde hace tiempo a K. Kautsky como a su escritor"; describe a Kautsky como "el dirigente de los socialdemócratas revolucionarios alemanes." (Lenin, Obras Completas [en castellano], Tomo XIV, p232, p184). En agosto de 1908, señala a Kautsky como la máxima autoridad en cuestiones de guerra y militarismo. En 1910, mientras Rosa discutía con Kautsky la cuestión de la vía hacia el poder, Lenin estaba de su lado en contra de Rosa. Y todavía en febrero de 1914, Lenin invocaba la autoridad de Kautsky como marxista en su disputa con Rosa sobre la cuestión nacional. Sólo el estallido de la guerra y la traición de Kautsky al internacionalismo, quebraron su confianza en él. Entonces Lenin admitió: "Rosa Luxemburg tenía razón; hace tiempo que ella se dio cuenta de que Kautsky era un teórico contemporizador, al servicio de la mayoría del partido, en una palabra, al servicio del oportunismo." (Carta a Shliapnikov, 27 de octubre de 1914).

En conclusión

La forma de organización del movimiento de trabajadores socialistas, en todas partes y en cualquier grado de desarrollo de la lucha por el poder, tiene importante influencia en la formación del propio poder de los trabajadores. Por lo tanto, un debate sobre la forma de organización del partido revolucionario tiene una importancia que va más allá del grado en que se aplica una cierta forma de organización aceptada. El debate sobre el problema de la organización no adquirió en ningún país un tono tan agudo como en el movimiento obrero ruso. Gran parte de ello se debió a la enorme distancia existente entre la meta final del movimiento y la autocrática realidad semifeudal de que procedía, una realidad que impedía la libre organización de los trabajadores.

Donde la posición de Rosa relativa a la relación existente entre la espontaneidad y la organización era reflejo de las necesidades inmediatas que enfrentaban los revolucionarios en un movimiento obrero controlado por una burocracia conservadora, la posición original de Lenin -la de 1902 a 1904- era reflejo de la ausencia de organización de un movimiento revolucionario vital y luchador, en el primer estadio de su desarrollo bajo un régimen retrógrado, semifeudal y autocrático.

No obstante, cualesquiera que fueran las circunstancias históricas que moldearon el pensamiento de Rosa con respecto a la organización, tal pensamiento evidenció gran debilidad en la revolución alemana de 1918-1919.

NOTAS

8. "Manifiesto Comunista" en *Marx y Engels Obras Escogidas en tres tomos*, Moscú 1973, Tomo I p121.

9. F Engels, en la Introducción de 1895 a "La lucha de clases en Francia", de Marx, en *Marx y Engels Obras Escogidas en tres tomos*, Moscú 1973, Tomo I p204.

10. En el inglés, se utiliza la palabra "sindicalism" a secas, para referirse a la política de enfocar exclusivamente en cuestiones del lugar de trabajo, excluyendo a todo asunto más general y "político". En las obras de Lenin en castellano se utilizan los términos "tradeunionismo" y "economismo" para criticar la misma tendencia. Ni Lenin ni Luxemburg se oponían a la actividad sindical como tal, sólo a la idea de que la lucha obrera debiera limitarse a subidas salariales y cosas por el estilo. (N. del T.)

11. De hecho, el folleto fue traducido a muchos idiomas sin los comentarios que Lenin consideraba necesarios.

12. No es accidental que los social revolucionarios rusos, futuros enemigos de los bolcheviques, aprobaran calurosamente los conceptos de Lenin acerca de la organización del partido. (I. Deutscher, *El Profeta Armado*, Ediciones Era, México, 1968.)

Capítulo 6 Rosa Luxemburg y la cuestión nacional

Marx y Engels en la cuestión nacional

Rosa Luxemburg, como líder de un partido de trabajadores en Polonia, un país dividido entre tres imperios -Rusia, Alemania y Austria- debía tomar, necesariamente, una posición con respecto a la cuestión nacional. Rosa adhirió a esta posición, desde su formulación en 1896, en su primer trabajo de investigación científica, Desarrollo industrial de Polonia, hasta el fin de su vida y a pesar de los agudos conflictos con Lenin sobre esta cuestión.

Su actitud era tanto una continuación como una desviación de las enseñanzas de Marx y Engels sobre la cuestión nacional, y para entenderla correctamente es necesario echar una ojeada -aunque sea por encima- a la actitud de ellos en esta cuestión.

Marx y Engels vivieron durante el crecimiento del capitalismo en Europa, un período de revoluciones democrático-burguesas. El marco de la democracia burguesa era el Estado Nacional, y la obligación de los socialistas, de acuerdo con ellos, era luchar "al lado de la burguesía... contra la monarquía absoluta, la propiedad territorial feudal y la pequeña burguesía reaccionaria"[13]. Señalaron en 1848, que el mayor enemigo de las revoluciones democráticas era la Rusia zarista, y en segundo lugar, la Austria de los Habsburgo. Rusia, el esclavizador de Polonia, fue el primer sanguinario de la revolución democrática de Kossuth en Hungria (1849); Rusia y Austria juntas, mediante la intervención directa e indirecta en los asuntos internos de alemanes e italianos, impidieron la completa unificación de estas naciones. Consecuentemente, Marx y Engels apoyaron todos los movimientos nacionales dirigidos contra el Zar y los Habsburgo. Al mismo tiempo, y utilizando el mismo criterio, se oponían a los movimientos nacionales que objetivamente hacían el caldo gordo a los zares o los Habsburgo.

La independencia de Polonia, decían Marx y Engels, tendría que tener enormes repercusiones revolucionarias. En Primer lugar, se levantaría una muralla entre la democrática-revolucionaria Europa Occidental y Central y el "gendarme de Europa". En segundo lugar, el Imperio de los Habsburgo, sacudido como estaría por un levantamiento nacional de los polacos, sucumbiría por los consiguientes movimientos nacionales de otras naciones; todas las naciones de este imperio serían entonces libres, y los austroalemanes podrían unirse con el resto de Alemania; esto constituiría la solución democrático-revolucionaria más consistente para la cuestión alemana. En tercer lugar, la independencia de Polonia sería un rudo golpe contra los junkers prusianos, reforzando así las tendencias democrático-revolucionarias de Alemania como totalidad.

Marx y Engels exhortaron a todos los movimientos democráticos de Europa a hacerle la guerra a la Rusia zarista, principal enemigo de todo progreso. Específicamente exhortaron a la Alemania revolucionaria a tomar las armas para la emancipación de Polonia. Una guerra democrática contra el zarismo salvaguardaría la independencia nacional de Polonia y Alemania, adelantaría la caída del absolutismo en Rusia y estimularía a las fuerzas revolucionarias de toda Europa.

Si bien apoyaban a los movimientos nacionales polaco y húngaro (magyar), Marx y Engels no apoyaban a otros. Así, por ejemplo, durante la revolución de 1848, condenaron los movimientos nacionales de los eslavos del sur: croatas, serbios y checos. Adoptaron esta actitud porque pensaban que objetivamente estos movimientos ayudaban al principal enemigo; las tropas croatas, que odiaban a los magyares más que al Imperio de los Habsburgo, apoyaron a las tropas del Zar cuando se encaminaban a Hungría; las tropas checas contribuyeron a reprimir a la Viena revolucionaria.

En todas las guerras en que estuvo envuelta la Rusia zarista, Marx y Engels no adoptaron una posición de neutralidad o de oposición a ambos campos en contienda, sino de oposición militante a Rusia. Así, criticaron a los gobiernos británico y francés durante la guerra de Crimea por no hacer la guerra consistentemente hasta el fin contra Rusia. En la guerra ruso-turca que estalló en 1877, una vez más Marx apoyó a los "bizarros turcos"[14]. Para Marx y Engels la Rusia zarista representó, hasta el fin de sus vidas, el más importante bastión de la reacción, y la guerra en contra de Rusia, un deber revolucionario.

Por los criterios que usaban para juzgar a los movimientos nacionales -su efecto en la revolución democrática-burguesa

en Europa Occidental y Central- Marx y Engels natural-
mente limitaban sus conclusiones relativas a las cuestiones
nacionales a Europa (y Norteamérica), donde el desarrollo
capitalista estaba más o menos avanzado. No atribuyeron
-justificadamente en ese momento- el concepto de nacionalismo burgués revolucionario a los países de Asia, África o
América del sur. Engels escribió: "a juicio mío, las colonias
propiamente dichas, es decir los países ocupados por una
población europea: el Canadá, el Cabo, Australia, se harán
todos independientes; por el contrario, los países sometidos
nada más, poblados por indígenas, como la India, Argelia y
las posesiones holandesas, portuguesas y españolas, tendrán
que quedar confiadas provisionalmente al proletariado, que
las conducirá lo más rápidamente posible a la independencia".[15] Engels creía posible que la India se emancipara mediante una revolución, pero que tal acontecimiento sólo
sería de importancia secundaria para Europa. Si la India se
liberara, "como el proletariado que se emancipe no puede
mantener guerras coloniales, habrá que resignarse a ello".
Pero la idea de que la emancipación de las colonias pudiera
preceder a las revoluciones socialistas en Europa, y aún ayudarlas considerablemente, le era totalmente extraña a Engels
(y a Marx). Si la India, Argelia o Egipto se liberaran a sí
mismas, esto "sería, por cierto, para nosotros, lo mejor. Ten-
dremos bastante que hacer en nuestro país. Una vez Europa
esté reorganizada, así como América del Norte, eso dará un
impulso tan fuerte y será un ejemplo tan grande, que los
países semicivilizados seguirán ellos mismos nuestra senda".

Rosa Luxemburg y la cuestión nacional

Rosa Luxemburg, siguiendo las huellas de Marx y Engels, consideraba al movimiento nacional principalmente europeo, atribuyendo mínima importancia a los movimientos nacionales de Asia y África. Como Marx y Engels, ella también rechazó todo criterio absoluto al juzgar las luchas por la independencia nacional. No obstante, no era un mero epígono que repetía las palabras de los fundadores del socialismo científico.

Temprano en su vida política, Rosa señaló que la situación de Europa en general y la de Rusia en particular había cambiado tanto hacia el fin del siglo diecinueve, que la posición de Marx y Engels con respecto a los movimientos nacionales en Europa era insostenible.

En Europa Occidental y Central, el período de las revoluciones democrático-burguesas había pasado. Los junkers prusianos se habían arreglado para establecer su dominio con tanta firmeza que ya no necesitaban de la ayuda del Zar. Al mismo tiempo, el dominio zarista dejaba de ser el bastión inexpugnable de la reacción, y profundas grietas comenzaban a resquebrajar sus paredes: las huelgas de masas de los trabajadores de Varsovia, Lodz, Petrogrado, Moscú y otros lugares del Imperio Ruso; el rebelde despertar de los campesinos.

En realidad, mientras en la época de Marx y Engels el centro de la revolución estaba en Europa Occidental y Central, ahora, hacia fines del siglo diecinueve y principios del siglo veinte, pasaba al este, hacia Rusia. Mientras en la época de Marx, el zarismo era el principal gendarme de la represión de los levantamientos revolucionarios en todas partes, ahora el zarismo necesitaba de la ayuda (principalmente financiera) de las potencias capitalistas occidentales.

En lugar de ir las balas y rublos rusos hacia el oeste, ahora los marcos, francos, británicos y belgas, fluían cada vez más hacia Rusia. Rosa señaló también los cambios básicos que habían tenido lugar con respecto a las aspiraciones nacionales de su madre patria, Polonia. Mientras en la época de Marx y Engels los nobles polacos eran líderes del movimiento nacional, ahora, con el creciente desarrollo capitalista del país, estaban perdiendo terreno socialmente, y se acercaban al zarismo como el aliado para la supresión de los movimientos progresistas de Polonia. El resultado fue que la nobleza polaca enfrió las aspiraciones hacia la independencia nacional. La burguesía polaca también se hizo antagonista de tal deseo, al tiempo que encontraba los principales mercados para sus industrias en Rusia. Rosa dijo: "Polonia está atada a Rusia con cadenas de oro". "El Estado de rapiña, y no el Estado nacional, corresponde al desarrollo capitalista." (Przeglad Socjaldemokratyczny, órgano teórico del SDKPL, 1908, Nº 6). Según opinaba Rosa, la clase trabajadora polaca tampoco estaba interesada en la separación de Polonia y Rusia, como lo vieron en Moscú y Petrogrado los aliados de Varsovia y Lodz. Así que no había en Polonia fuerzas sociales de peso interesadas en luchar por la independencia nacional. Únicamente la intelectualidad acariciaba la idea, pero era sólo una pequeña fuerza social. Rosa resumió su análisis de las fuerzas sociales de Polonia y su actitud con respecto a la cuestión nacional con las siguientes palabras: "La dirección reconocible del desarrollo social me ha demostrado claramente que no hay en Polonia clase social que tenga al mismo tiempo interés y capacidad para lograr la restauración de Polonia." (NZ, 1895-1896, p466).

De este análisis llegó a la conclusión de que bajo el capitalismo la consigna de "independencia nacional" no tenía valor progresivo, y no podía llevarse a cabo por las fuerzas internas de la nación polaca; únicamente la intervención de una u otra potencia imperialista podría lograrlo. Rosa opinaba que bajo el socialismo no habría lugar para la consigna "independencia nacional", ya que la opresión nacional habría dejado de existir, y la unidad internacional de la humanidad sería un hecho. En consecuencia, la verdadera independencia de Polonia no podría lograrse bajo el capitalismo; y cualquier paso en tal sentido carecería de valor progresivo; mientras que bajo el socialismo no había necesidad de tal consigna. Por lo tanto, la clase trabajadora no necesitaba luchar por la autodeterminación nacional de Polonia y tal lucha era, de hecho, reaccionaria. Las consignas nacionales de la clase trabajadora debían limitarse a la demanda de autonomía nacional en la vida cultural.

Al tomar esta posición, Rosa y su partido, el SDKPL, entraron en amargo conflicto con los miembros del ala derecha del Partido Socialista Polaco (PSP) conducido por Pilsudski (futuro dictador militar de Polonia). Estos eran nacionalistas, socialistas sólo en su retórica. Faltándoles el apoyo de las masas para su nacionalismo, tramaban aventuras y conspiraban con potencias extranjeras aun hasta el punto de confiar en una futura guerra mundial como partera de la independencia nacional. En Galitzia, la fortaleza del derechista PPS, los polacos bajo el dominio austríaco recibían mejor tratamiento que los del imperio ruso, principalmente porque los gobernantes del imperio de los Habsburgos -una mezcla de nacionalidades- tenían que confiar en la clase gobernante polaca para fortificar su propio gobierno imperial. En consecuencia, los líderes del PPS se inclinaban a preferir el Imperio de los Habsburgos al Imperio Ruso, y durante la Primera Guerra Mundial actuaron como agentes de reclutamiento para Viena y Berlín. Anteriormente, durante la revolución de 1905, Daszynski, el líder del PPS en Galitzia, había llegado tan lejos como para condenar las huelgas de masas de los trabajadores polacos porque, según él, tendían a identificar la lucha de los trabajadores polacos con las de los rusos, minando así la unidad nacional de los polacos. Sólo cuando uno llega a tener claro quiénes fueron los oponentes de Rosa en el movimiento obrero polaco, puede llegar a comprender correctamente su posición en la cuestión nacional polaca.

Luxemburg no está de acuerdo con Lenin en la cuestión nacional

La lucha que Rosa tenía que librar contra el chauvinista PPS tiñó toda su actitud hacia la cuestión nacional en general. Para oponerse al nacionalismo del PPS, se inclinaba tanto hacia atrás que se opuso a toda referencia al derecho a la autodeterminación en el programa del partido. Es a raíz de esto que su partido, el SKDPL, se separó ya en 1903 del Partido Social Demócrata Ruso, y nunca más se unió organizativamente a los bolcheviques.

Lenin estaba de acuerdo con Rosa en su oposición al PPS y junto a ella sostuvo que el deber de los socialistas polacos no era luchar por la independencia nacional o secesión de Rusia, sino por la unidad internacional de los trabajadores polacos y rusos. Sin embargo Lenin, como miembro de una nación opresora, era cauto por temor a que una actitud nihilista con respecto a la cuestión nacional llevara agua al molino del gran chauvinismo ruso. Por lo tanto, consideraba que mientras los trabajadores polacos podían y debían evitar reclamar el establecimiento del estado nacional, los socialistas rusos debían luchar por el derecho de los polacos a tener su propio estado si así lo deseaban: "El inmenso mérito histórico de los camaradas socialdemócratas polacos consiste en haber lanzado la consigna del internacionalismo, diciendo: lo más importante para nosotros es sellar una alianza fraternal con el proletariado de todos los demás países, y jamás nos lanzaremos a una guerra por la liberación de Polonia. Ese es su mérito, y por ello hemos considerado siempre socialistas únicamente a estos camaradas socialdemócratas de polacos. Los otros son patrioteros, son los Plejánov polacos. Pero de esta situación original, en la que unos hombres, para salvar el socialismo, se han visto obligados a luchar contra un nacionalismo furioso y enfermizo, se derive un fenómeno extraño: los camaradas vienen a nosotros y nos dicen que debemos renunciar la libertad de Polonia, a su separación.

"¿Por qué nosotros, los rusos, que oprimimos a más naciones que ningún otro pueblo, hemos de renunciar a proclamar el derecho de Polonia, Ucrania y Finlandia a separarse de Rusia? ...los socialdemócratas polacos dicen: estamos en contra de la separación de Polonia precisamente porque creemos ventajosa la alianza con los obreros rusos. Y están en su pleno derecho. Pero hay quienes no quieren comprender que para reforzar el internacionalismo no es necesario repetir las mismas palabras y que en Rusia debe insistirse en la libertad de separación de las naciones oprimidas y en Polonia debe subrayarse la libertad de unión. La libertad de unión presupone la libertad de separación. Nosotros, los rusos, debemos subrayar la libertad de separación, y en Polonia la libertad de unión." (Lenin, Obras Completas [en castellano], Tomo XXXI, pp453-454).

La diferencia entre Lenin y Rosa Luxemburg, acerca de la cuestión nacional puede sintetizarse así; mientras Rosa, proveniente de la lucha contra el nacionalismo polaco, se inclinaba hacia una actitud nihilista con respecto a la cuestión nacional, Lenin veía realísticamente que, siendo diferentes las posiciones de las naciones oprimidas y las de las naciones opresoras, su actitud hacia la misma cuestión también debía ser diferente. Así, partiendo de situaciones diferentes y opuestas, se dirigían en direcciones opuestas para alcanzar el mismo punto de unidad de los trabajadores internacionales. En segundo lugar, mientras Rosa consideraba la cuestión de la autodeterminación nacional como incompatible con la lucha de clases, Lenin la subordinaba a la lucha de clases. (Al mismo tiempo que sacaba ventaja de todos los otros esfuerzos democráticos como armas en la lucha revolucionaria general). La fuente del acercamiento de Lenin a la cuestión nacional de que carecía Rosa es la dialéctica: él veía la unidad de los opuestos en la opresión nacional y la subordinación de la parte (la lucha por la independencia nacional) al todo (la lucha internacional por el socialismo).

La fuerza de Rosa con respecto a la cuestión nacional reside en su completa devoción por el internacionalismo y su independencia de pensamiento. Esto la condujo a través del método de Marx, a ver cómo la posición de Polonia con respecto a Rusia había cambiado, entre la época de Marx y la suya. La llevó, al contrario de Marx, a oponerse a la lucha nacional de Polonia, pero al mismo tiempo -y una vez más contrariamente a Marx y Engels- la condujo a apoyar el movimiento nacional de los eslavos del sur contra Turquía. Marx y Engels habían sostenido que para detener el avance del zarismo había que defender la unidad del Imperio Turco, y que había que oponerse a los movimientos nacionales de los eslavos del sur, que estaban sumergidos en las luchas paneslavas y eran armas ciegas en manos del zarismo. Rosa hizo un excelente análisis de las nuevas condiciones de los Balcanes desde la época de Marx. Primero llegó a la conclusión de que la liberación de las naciones balcánicas sometidas por los turcos sublevaría a las naciones del Imperio austrohúngaro. El fin del Imperio Turco en Europa significaría también el fin del Imperio de los Habsburgo. En segundo lugar, sostuvo que desde la época de Marx el movimiento nacional de los Balcanes había pasado a estar bajo el dominio de la burguesía y, en consecuencia, cualquier continuidad de la influencia rusa se debía únicamente a la opresión ejercida por los turcos.

La liberación de los pueblos balcánicos del yugo de los turcos no acrecentaría la influencia del zarismo sino que la debilitaría, ya que estos pueblos estarían bajo la conducción de una burguesía joven y progresista que chocaría cada vez más con el zarismo reaccionario. Así, en el caso de las naciones balcánicas, la actitud de Rosa con respecto a sus luchas nacionales difería enormemente de su actitud con respecto a Polonia.

La enérgica independencia del pensamiento de Rosa se veía atemperada por la debilidad que yacía -como hemos visto en algunas de las cuestiones ya tratadas- en su tendencia a generalizar con demasiada facilidad a partir de sus experiencias inmediatas, aplicándolas a los movimientos obreros de cualquier parte.

Notas

13. "Manifiesto Comunista" en *Marx y Engels Obras Escogidas en tres tomos*, Moscú 1973, Tomo I p140.

14. "Carta a Sorge, 27 de septiembre de 1877", *Correspondencia Marx-Engels*, Londres, 1941, pp348-349.

15. "Carta a Kautsky, 12 de septiembre de 1882", en *Marx y Engels Obras Escogidas en tres tomos*, Moscú 1973, Tomo III, p507.

Capítulo 7 La crítica de Rosa Luxemburg
a los bolcheviques en el poder

Durante septiembre y octubre de 1918, mientras estaba en la prisión de Breslau, Rosa escribió un folleto sobre la Revolución Rusa. Utilizó como base no sólo la prensa alemana sino también la rusa del momento, que sus amigos introducían en su celda de contrabando. Nunca terminó ni pulió el trabajo, ya que el comienzo de la revolución alemana le abrió las puertas de la prisión.

La primera edición del folleto fue publicada después de la muerte de Rosa, en 1922, por su camarada en armas Paul Levi. Está edición no era completa, y en 1928 se publicó una nueva, sobre la base de un manuscrito recientemente encontrado.

Apoyo entusiasta de la Revolución de Octubre

Rosa fue una entusiasta partidaria de la Revolución de Octubre y del partido Bolchevique; lo dejó perfectamente aclarado en su folleto: "Lenin, Trotsky y los sus camaradas han demostrado que tienen todo el valor, la energía, la perspicacia y la entereza revolucionaria que quepa pedir a un partido a la hora histórica de la verdad. Los bolcheviques han mostrado poseer todo el honor y la capacidad de acción revolucionarios [de que carece] la socialdemocracia europea; su sublevación de octubre no ha sido solamente una salvación real de la revolución rusa, sino que ha sido, también, la salvación del honor del socialismo internacional." (LR p126)[16]

También escribió: "el problema más importante del socialismo no es... esta o aquella cuestión menor de la táctica, sino la capacidad de acción del proletariado, la energía de las masas, la voluntad de poder del socialismo como tal. En este aspecto, Lenin, Trotsky y sus amigos son los primeros que han predicado con el ejemplo al proletariado internacional; son los primeros y, hasta ahora, los únicos que pueden decir, con Hutten: «¡Yo me he atrevido!»."

"Este es el aspecto esencial y perenne de la política de los bolcheviques, a los que corresponde el mérito histórico imperecedero de mostrar el camino al proletariado mundial en lo relativo a la conquista del poder político y los temas prácticos de la realización del socialismo, así como de haber impulsado poderosamente el enfrentamiento entre el capital y el trabajo en todo el mundo... En este sentido, el futuro pertenece en todas partes al «bolchevismo»." (LR p148).

Aunque alababa a la Revolución de Octubre en los términos más encomidiables, Rosa creía que una aceptación acrítica de todo lo que los bolcheviques hicieran no sería de utilidad al movimiento obrero. Según ella, el método de análisis marxista no debía aceptar nada que no hubiera sido sometido a la crítica revolucionaria.

Efectos del aislamiento de la Revolución

Para Rosa estaba claro que las condiciones de aislamiento de la Revolución Rusa, causados por la traición de la social-democracia occidental, conducirían a distorsiones en su desarrollo. "La solidaridad internacional... es... una condición fundamental sin la cual las capacidades mayores y el sentido más elevado de sacrificio del proletariado en un solo país acaban en una confusión de contradicciones y errores." (LR p119-120).

Después de señalar algunas de estas contradicciones y errores, revela claramente sus causas: "Todo lo que está pasando en Rusia es comprensible y constituye una concatenación inevitable de causas y efectos, cuyo origen y conclusión final no es otro que el fracaso del proletariado alemán y la ocupación de Rusia por el imperialismo alemán. Sería pedir lo imposible de Lenin y de sus camaradas suponer que, bajo tales circunstancias, podrían conjurar la democracia más bella, la dictadura del proletariado más perfecta o una economía socialista floreciente. Gracias a su actitud decididamente revolucionaria, su energía ejemplar y su fidelidad inquebrantable al socialismo internacional, los bolcheviques han hecho todo lo que cabía hacer en unas condiciones tan endemoniadas." (LR p147).[17]

Errores de los líderes bolcheviques

Mientras que los factores objetivos pueden conducir a crasos errores a las revoluciones, los factores subjetivos en la conducción, pueden volver peligrosos dichos errores. Suponen un riesgo especial cuando son transformados en virtudes. "Lo peligroso comienza cuando tratan de hacer de necesidad virtud y de consolidar teóricamente y proponer al proletariado internacional como modelo de táctica socialista, digna de imitación, esa táctica que a ellos les fue impuesta bajo condiciones tan desdichadas." (LR p147).

Pero fue precisamente esta peligrosa idea la aceptada por los partidos estalinistas (y también por algunos que se llaman a sí mismos antiestalinistas).

Rosa criticó a los bolcheviques en el poder lo que ella consideraba su error político en los siguientes aspectos:

1. La cuestión agraria;
2. La cuestión de las nacionalidades;
3. La Asamblea Constituyente;
4. Los derechos democráticos de los trabajadores.
Trataremos cada problema por separado.

La política agraria bolchevique

Una política socialista de la tierra, sostenía Rosa, debe apuntar a estimular la socialización de la producción agrícola, "...la nacionalización de los latifundios, única que puede conseguir la concentración técnica progresiva de los medios y métodos agrarios de producción que, a su vez, ha de servir como base del modo de producción socialista en el campo. Si bien es cierto que no es preciso confiscar su parcela al pequeño campesino y que se puede dejar a su libre albedrío la decisión de aumentar su beneficio económico, primeramente mediante la asociación libre en régimen de cooperativa y, luego, mediante su integración en un conjunto social de empresa, también lo es que toda reforma económica socialista en el campo tiene que empezar con la propiedad rural grande y mediana; tiene que transferir el derecho de la propiedad a la Nación o, si se quiere, lo que es lo mismo, tratándose de un gobierno socialista, al Estado, puesto que solamente esta medida garantiza la posibilidad de organizar la producción agrícola según criterios socialistas, amplios e interrelacionados." (LR p127).

No obstante, la política bolchevique era exactamente la contraria: "la consigna de ocupación y reparto inmediato de las tierras entre los campesinos, lanzada por los bolcheviques...no solamente no es una medida socialista, sino que es su opuesto, y levanta dificultades insuperables ante el objetivo de transformar las relaciones agrarias en un sentido socialista." (LR p128).

Rosa, muy acertada y proféticamente, señaló que la distribución de los latifundios entre los campesinos reforzaría el poder de la propiedad privada en el campo, y de esta manera sumaría dificultades a la ruta futura de la socialización de la agricultura: "Anteriormente, una reforma socialista del campo hubiera tenido que enfrentarse, todo lo más, a una pequeña casta de latifundistas nobles y capitalistas, así como a una minoría reducida de burgueses aldeanos ricos, cuya expropiación por medio de las masas populares revolucionarias es un juego de niños. Hoy día, después de la ocupación de las tierras, cualquier intento de nacionalización socialista de la agricultura se enfrenta con la oposición de una masa muy crecida y muy fuerte de campesinos propietarios, que defenderá con dientes y uñas su propiedad recién adquirida contra todo atentado socialista." (LR p129).

El aislamiento de una pequeña clase trabajadora en el mar de un campesinado semicapitalista, antagónico y retrógrado demostró ser un hecho importante para el ascenso de Stalin.

De todos modos, Lenin y Trotsky no tuvieron alternativas. Es verdad que el programa del Partido Bolchevique tuvo en cuenta la nacionalización de todos los latifundios. Durante muchos años, Lenin había discutido calurosamente contra los social-revolucionarios que estaban a favor de la distribución de la tierra entre los campesinos. No obstante, en 1917, cuando el problema de la tierra requería una solución inmediata, él enseguida adoptó las consignas de los tan condenados social-revolucionarios, o más bien del movimiento campesino espontáneo. Si los bolcheviques no hubieran hecho esto, ellos y la clase trabajadora urbana que dirigían hubieran quedado aislados del campo, y la revolución hubiera nacido muerta o, como máximo, hubiera vivido muy poco (como la revolución húngara de 1919).

Por ninguna concesión estratégica o táctica podían los bolcheviques superar una contradicción básica de la revolución rusa: el hecho de que fue llevada a cabo por dos clases contradictorias, el proletariado y el campesinado, el primero colectivista, el otro individualista.

Ya en 1903, Trotsky había postulado la probabilidad de que la futura revolución, en la que la clase trabajadora conduciría a los campesinos, terminaría con estos últimos en tan profunda oposición a los primeros, que sólo la extensión de la revolución podría salvar al poder de los trabajadores de ser derrocado: "El proletariado ruso... contará frente a sí con la hostilidad organizada de la reacción internacional y con la disposición al apoyo organizado del proletariado internacional. Abandonada a sus propias fuerzas, la clase obrera rusa sería destrozada inevitablemente por la contrarrevolución en el momento en que el campesinado se apartase de ella. No le quedará otra alternativa que entrelazar el destino de su dominación política, y por tanto el destino de toda la revolución rusa, con el destino de la revolución socialista en Europa."[18]

La apreciación de Rosa sobre la política bolchevique de la tierra muestra una verdadera penetración en la situación de la Revolución Rusa, y señala los frecuentes peligros inherentes a las políticas bolcheviques. Pero la situación no permitía a los bolcheviques ninguna otra política revolucionaria del régimen de la tierra que la que implementaron: acceder al deseo democrático y espontáneo de los campesinos de distribuir la tierra expropiada a los latifundistas.

La política de las nacionalidades

Rosa no fue menos crítica respecto de la política bolchevique en la cuestión de las nacionalidades, advirtiendo a la revolución de los más graves peligros: "Los bolcheviques son parcialmente culpables del hecho de que la derrota militar se haya transformado en el hundimiento y la disgregación de Rusia. Son los mismos bolcheviques los que, en gran medida, han agudizado estas dificultades objetivas al propugnar una consigna que han situado en el primer plano de su política: el llamado derecho de autodeterminación de las naciones, o lo que en realidad se escondía detrás de esa frase: la desintegración estatal de Rusia." (LR p130). ¡Cuán equivocada estaba Rosa en esta cuestión!

Si los bolcheviques hubieran seguido su consejo en este asunto, las clases gobernantes de las naciones anteriormente oprimidas se las hubieran arreglado cada vez mejor para reunir a las masas populares alrededor de ellas y así acentuar el aislamiento del poder soviético.

Sólo enarbolando la consigna de la autodeterminación podía la nación, anteriormente opresora, ganar la unidad revolucionaria de todos los pueblos. Es por este camino que los bolcheviques fueron capaces de ganar a la revolución parte, al menos, del territorio perdido durante la guerra mundial y el comienzo de la guerra civil -Ucrania, por ejemplo-. A raíz de la desviación de esta política de autodeterminación para todos los pueblos, el Ejército Rojo fue primeramente rechazado a las puertas de Varsovia, y luego llegó a acarrearse el odio de los georgianos al entrar y ocupar Georgia de la manera más burocrática y antidemocrática.[19]

Tanto en el caso de la cuestión nacional como en el del régimen de la tierra, Rosa se equivocó porque se alejaba del principio de la decisión popular, un principio tan básico a sus pensamientos y actos en general.

La Asamblea Constituyente

Una de las críticas que Rosa Luxemburg hizo a los bolcheviques estaba referida a la dilatación de su Asamblea Constituyente. Rosa escribió: "Es un hecho innegable que, hasta la victoria de octubre, Lenin y sus camaradas estuvieron exigiendo, con toda intransigencia, la convocatoria de una asamblea constituyente y que, precisamente, la política dilatoria del gobierno de Kerensky en este aspecto daba pies a las acusaciones de los bolcheviques, formuladas con los improperios más vehementes. En su interesante obrita De la revolución de octubre hasta el tratado de paz de Brest, Trotsky llega a decir que la rebelión de octubre había sido precisamente «una salvación para la constituyente» y para la revolución en general. «Y cuando nosotros decíamos -continúa- que el camino hacia la asamblea constituyente no pasaba por el preparlamento de Zeretelli, sino por la conquista del poder por los Soviets, teníamos toda la razón»" (LR p136-137). Después de llamar a la Asamblea Constituyente de esta manera, los mismos líderes la disolvieron el 6 de enero de 1918.

Lo que Rosa proponía en su folleto era la idea de soviets más Asamblea Constituyente. Pero la vida misma mostró muy claramente que esto hubiera conducido a un poder dual, que hubiera amenazado al órgano del poder obrero, los Soviets. Los líderes bolcheviques justificaron la disolución de la Asamblea Constituyente, en primer lugar sobre la base de que las elecciones se habían celebrado al amparo de una ley obsoleta, que daba un peso indebido a la minoría rica de los campesinos, quienes, en la primera y única sesión de la Asamblea, se negaron a ratificar los decretos sobre la tierra, sobre la paz, y sobre la transferencia del poder a los soviets.

Rosa Luxemburg contraataca esto sosteniendo que los bolcheviques podían, sencillamente, haber realizado nuevas elecciones que no sufrieran las distorsiones del pasado.

Pero la verdadera razón de la disolución yacía mucho más profundamente.

Era, en primer lugar, resultado del hecho de que mientras los soviets eran principalmente organizaciones de la clase trabajadora, la Asamblea Constituyente estaba basada sobre todo en los votos de los campesinos. No fue por tanto accidental que los bolcheviques, que tuvieron abrumadora mayoría en el Segundo Congreso de los Soviets, (8 de noviembre de 1917), elegidos por alrededor de veinte millones de personas, no contaran con el apoyo de más de un cuarto de la Asamblea Constituyente, elegida por todo el pueblo de Rusia. El campesino, defensor de la propiedad privada, no podía identificarse con el bolchevismo, aun cuando estuviera muy satisfecho por contar con el apoyo bolchevique para la distribución de la tierra y para la lucha por la paz. Los soviets eran, por lo tanto, un soporte mucho más digno de confianza para el poder obrero, lo que la Asamblea Constituyente jamás podría ser.

Pero hay una razón aun más básica -que nada tiene que ver con el predominio campesino en la población rusa- para que no hubiera una Asamblea Constituyente (o Parlamento) a la par de los soviets. Los soviets son una forma específica de gobierno de la clase trabajadora, del mismo modo que el Parlamento era la forma específica de dominación de la burguesía.

En realidad, en la revolución alemana, Rosa modificó radicalmente su punto de vista y se opuso vigorosamente a la consigna del USPD "Consejos obreros y Asamblea Nacional". Así, el 20 de noviembre de 1918, escribía: "Quienquiera que ruegue por una Asamblea Nacional está degradando, consciente o inconscientemente, la revolución al nivel histórico de una revolución burguesa; es un agente camuflado de la burguesía, o un representante inconsciente de la pequeña burguesía..."

"Las alternativas que se nos presentan hoy no son democracia o dictadura. Son democracia burguesa o democracia socialista. La dictadura del proletariado es democracia en un sentido socialista." (AR II p606).

Restricciones a los derechos democráticos de los trabajadores

La principal crítica de Rosa a los bolcheviques fue que ellos eran responsables de restringir y minar la democracia obrera. Y en este punto, toda la trágica historia de Rusia prueba que ella estaba profética y absolutamente acertada.

El núcleo del folleto de Rosa sobre la Revolución Rusa, lo mismo que de todo lo que ella escribió y dijo, era una confianza ilimitada en los trabajadores, la convicción de que ellos, y solamente ellos, eran capaces de sobreponerse a las crisis a que se ve enfrentada la humanidad. Rosa tenía la convicción de que la democracia obrera es inseparable de la revolución proletaria y el socialismo.

Escribió: "...la democracia socialista... no se puede dejar para la tierra de promisión, cuando se haya creado la infraestructura de la economía socialista, como un regalo de Reyes para el pueblo obediente que, entre tanto, ha sostenido fielmente al puñado de dictadores socialistas; la democracia socialista comienza a la par con la destrucción del poder de clase y la construcción del socialismo; comienza en el momento en que el partido socialista conquista el poder. La democracia socialista no es otra cosa que la dictadura del proletariado.

"Pues sí, dictadura! Pero esta dictadura no consiste en la eliminación de la democracia, sino en la forma de practicarla, esto es, en la intervención enérgica y decidida en los derechos adquiridos y en las relaciones económicas de la sociedad burguesa, sin la cual no cabe realizar la transformación socialista. Pero esta dictadura tiene que ser la obra de una clase y no la de una pequeña minoría dirigente en nombre de una clase..." (LR p147).

Aunque ella apoyó sin vacilaciones la dictadura del proletariado dirigida contra los enemigos del socialismo, arguyó que únicamente la democracia plena y consistente podía asegurar el poder de la clase trabajadora y dar impulso a sus enormes potencialidades. Señaló que los bolcheviques se desviaban de esta concepción: "La teoría de la dictadura en Lenin y Trotsky parte de un presupuesto tácito, según el cual la revolución socialista es cosa que ha de hacerse mediante una receta que tiene preparada el partido de la revolución; éste no tiene más que aplicarla enérgicamente. Por desgracia -o, quizá, por fortuna, depende de las circunstancias-, esto no es cierto. No sólo no es una serie de prescripciones prestas para la aplicación, sino que, como sistema social, económico, y jurídico, la realización práctica del socialismo es algo que pertenece latente a las tinieblas del incierto futuro. Lo que tenemos en nuestro programa no so sino algunos indicadores generales que muestran la dirección en que deben tomarse las medidas, siendo éstas, además, de carácter predominantemente negativo. Sabemos, más o menos, lo que es preciso destruir de antemano a fin de allanar el camino a la economía socialista; no existe, sin embargo, programa de partido o libro de texto socialistas que nos ilustren acerca del carácter que han de tener las mil medidas concretas y prácticas, amplias o estrictas, para introducir los fundamentos socialistas en la Economía, en el Derecho y en todas las relaciones sociales. Esto no es un defecto, sino, precisamente la ventaja del socialismo científico sobre el utópico. El sistema socialista únicamente puede ser, y será, un producto histórico, nacido de la escuela propia de la experiencia, en el momento de la plenitud del desarrollo de la historia viva que, como naturaleza orgánica (de la que, al fin y al cabo, forma parte) tiene la bella costumbre de crear, al mismo tiempo, la necesidad social real y los medios para satisfacerla, el problema y la solución. Si se admite esto, es claro el socialismo, en razón de su carácter, no se puede otorgar o implantar por medio de un decreto." (LR p143).

Rosa también predijo que el grueso de los trabajadores rusos no tomaría parte activa en la vida económica y social: "... el socialismo aparece decretado, otorgado desde el cenáculo de una docena de intelectuales.

"Pero al sofocarse la actividad política en todo el país, también la vida en los soviets tiene que resultar paralizada. Sin sufragio universal, libertad ilimitada de prensa y reunión y sin contraste libre de opiniones, se extingue la vida de toda institución pública, se convierte en una vida aparente, en la que la burocracia queda como único elemento activo. Al ir entumeciéndose la vida pública, todo lo dirigen y gobiernan unas docenas de jefes del partido, dotados de una energía inagotable y un idealismo sin límites; la dirección entre ellos, en realidad, corresponde a una docena de inteligencias superiores; de vez en cuando se convoca a asamblea a una minoría selecta de los trabajadores para que aplauda los discursos de los dirigentes, apruebe por unanimidad las resoluciones presentadas, en definitiva, una camarilla, una dictadura, ciertamente, pero no la del proletariado, sino una dictadura de un puñado de políticos, o sea, una dictadura en el sentido burgués, en el sentido del jacobinismo..." (LR p144).

Las críticas de Rosa a la Revolución Rusa, lo mismo que todos sus escritos, no podían dar ninguna satisfacción a los críticos reformistas del socialismo revolucionario, pero podían servir como ayuda para aquellos que desearan mantener la ciencia de la acción de la clase trabajadora viva y sin trabas. Sus críticas al Partido Bolchevique están en las mejores tradiciones del marxismo, del axioma básico de Karl Marx: "... crítica despiadada de todo lo existente...".

NOTAS

16. La traducción citada conlleva un error, que hemos corregido. Dice "que ha caracterizado" done debe decir, tal como hemos puesto aquí, "de que carece". ¡Una diferencia importante! (N. del T.).

17. En la traducción al castellano, en vez de "el fracaso del proletariado alemán", se lee "la traición por parte del proletariado alemán". Debe quedar claro, de toda la trayectoria de Rosa Luxemburg, que ella veía la traición de la revolución alemana como la responsabilidad de los dirigentes socialdemócratas, no de la clase trabajadora como tal. (N. del T.).

18. Leon Trotsky, "Resultados y perspectivas", en 1905 y "Resultados y perspectivas", Ruedo Ibérico, pp. 218-219.

19. La crítica de Rosa Luxemburg sobre la política de los bolcheviques en el poder, a propósito de las nacionalidades, era una continuación de las diferencias que durante dos décadas tuvo con ellos en este sentido. (Véase el Capítulo 6.)

Capítulo 8 La acumulación de capital

Desde 1906 a 1913, Rosa dictó la cátedra de economía política en una escuela de activistas del Partido Social Demócrata Alemán. Mientras, preparaba un libro sobre economía marxista titulado Introducción a la economía política. Cuando estaba por concluir el primer borrador se encontró con una dificultad inesperada: "No conseguí describir con suficiente claridad el proceso total de la producción capitalista, en todas sus relaciones prácticas y con sus limitaciones históricas objetivas. Un examen más atento del tema me convenció de que era algo más que una cuestión de mero arte de representación y que un problema aguardaba ser resuelto; éste estaba relacionado con la materia teórica del volumen II de El Capital y al mismo tiempo estrechamente ligado a la actual política imperialista y a sus raíces económicas". De este modo, Rosa llegó a escribir su mayor obra teórica, La acumulación de capital. Una contribución a una explicación económica del imperialismo (Berlín, 1913). El libro no es nada fácil de seguir, especialmente para cualquiera no familiarizado con El Capital. Al mismo tiempo, sin duda, la contribución de Rosa Luxemburg -estemos o no de acuerdo con ella- es una de las más, si no la más importante y original contribución de la doctrina económica marxista desde El Capital.

El problema

Al analizar las leyes del movimiento del capitalismo, Marx abstrajo de él todos los factores no capitalistas, del mismo modo que un científico al estudiar la ley de gravedad la estudiará en vacío.

El problema con el que Rosa se debate es el siguiente: ¿puede la reproducción ampliada, es decir la producción a una escala creciente, tener lugar bajo las condiciones del capitalismo puro y abstracto, donde no existen países no capitalistas, o donde no existe alguna otra clase además de los capitalistas y los trabajadores? Marx sostuvo que es posible. Rosa discutió que mientras en general, para los propósitos del análisis de la economía capitalista, la abstracción de los factores no capitalistas se justifica, esta abstracción no está justificada cuando se enfrenta la cuestión de la reproducción ampliada.

El problema es, por supuesto, puramente teórico, puesto que de hecho el capitalismo puro nunca ha existido: la reproducción ampliada ha tenido lugar siempre, al tiempo que el capitalismo invadía esferas precapitalistas, sea dentro mismo del país capitalista -invasión en el feudalismo con la destrucción de campesinos, artesanos, etc.- sea en países totalmente agrícolas, precapitalistas.

Si el capitalismo no ha existido nunca en forma pura, uno puede muy bien preguntar: ¿Cuál es la importancia de la cuestión acerca de si la reproducción ampliada es teóricamente posible en el capitalismo puro? Después de todo, ni Marx ni Rosa sostuvieron que el capitalismo seguiría existiendo hasta que todas las formaciones precapitalistas hubieran sido superadas. Sin embargo, la respuesta a esta pregunta arroja luz sobre el efecto de la esfera no capitalista en la agudización o mitigación de las contradicciones en el capitalismo, y en los factores que llevan al capitalismo a la expansión imperialista.

Los esquemas de Marx

Comencemos explicando cómo Marx describía el proceso de reproducción como un todo bajo el capitalismo.

Marx parte de un análisis de reproducción simple, es decir, de la presunción -que, por supuesto, no podría nunca existir bajo el capitalismo- de que no hay acumulación de capital, de que la totalidad de la plusvalía es gastada en el consumo personal de los capitalistas, siendo así que la producción no se expande.

Para que el capitalista pueda llevar a cabo la reproducción simple deben existir ciertas condiciones. Debe tener la posibilidad de vender el producto de su fábrica, y con el dinero obtenido comprar los medios de producción (máquinas, materias primas, etc.) que necesita para su industria particular; también debe obtener del mercado la fuerza de trabajo que necesita, lo mismo que los medios de consumo necesarios para alimentar, vestir y abastecer otras necesidades de los trabajadores. El producto producido por los trabajadores con la ayuda de los medios de producción debe nuevamente encontrar un mercado y así sucesivamente.

Mientras desde el punto de vista del capitalista individual no interesa lo que la fábrica produce -máquinas, medias o periódicos- si puede encontrar compradores para su producto, con el fin de poder realizar su capital más la plusvalía, para la economía capitalista en su conjunto es extremadamente importante que el producto total esté compuesto de ciertos y determinados valores de uso; en otras palabras, el producto total debe proveer los medios de producción necesarios para renovar el proceso de producción y los medios de consumo que necesitan los trabajadores y los capitalistas. Las cantidades de los diferentes productos no pueden ser determinadas arbitrariamente: los medios de producción producidos deben ser iguales en valor al total del capital constante c; los medios de consumo producidos deben ser iguales en valor al total de los salarios -el capital variable v- más la plusvalía p.

Para analizar la reproducción simple Marx dividió la industria en dos sectores básicas: el que produce los medios de producción (sector I) y el que produce los medios de consumo (sector II). Para que la reproducción simple tenga lugar, debe obtenerse una cierta proporcionalidad entre estos dos sectores. Está claro, por ejemplo, que si el sector I produjera más máquinas de las que ella junto con el sector II necesitaran, habría superproducción de maquinaria. La producción del sector I se paralizaría consecuentemente, y a esto seguiría una secuencia completa de hechos. Analógicamente, si el sector I produjera muy pocas máquinas, la reproducción, en lugar de repetirse en el mismo nivel, retrocedería. Lo mismo se aplicaría al sector II si éste produjera más o menos medios de consumo que el total de las cuentas de salarios, el capital variable, más la plusvalía (v + p) en ambos sectores.[20]

La proporción entre la demanda de medios de producción y la de medios de consumo en la economía global depende de la relación entre la porción de capital dedicada a la compra de maquinaria y materias primas, es decir a capital constante

(c) de la economía global, por una parte, y aquella porción de capital gastada en el pago de salarios, (v), más los beneficios de los capitalistas en la economía global.

En otras palabras, los productos del sector I (P1) deben ser iguales al capital constante de el sector I (c1) más el capital constante del sector II (c2):

$$P1 = c1 + c2$$

Análogamente, los productos del sector II (P2) deben ser iguales a los salarios y plusvalía en ambos sectores juntos:

$$P2 = v1 + p1 + v2 + p2$$

Estas dos ecuaciones pueden ser combinadas en una sola:[21]

$$c2 = v1 + p1$$

En otras palabras, el valor de la maquinaria y de las materias primas, etc. necesitadas por el sector II, debe ser igual a los salarios más la plusvalía de los trabajadores y los capitalistas del sector I.

Estas son ecuaciones para la reproducción simple. Las fórmulas para la reproducción ampliada son más complicadas. En ella, parte de la plusvalía se gasta en el consumo personal de los capitalistas -esto lo señalaremos con la letra r- y parte es acumulada -esto lo señalaremos con la letra a-. a mismo se divide en dos porciones: parte se utiliza para comprar nuevos medios de producción, es decir, es gastado para agregar al capital constante disponible -ac- y parte se utiliza para pagar salarios a trabajadores nuevamente empleados en la producción -av-.

Si la demanda social de medios de producción bajo la reproducción simple fuera expresada por la fórmula c1 + c2, la reproducción ampliada se expresaría así:

c1 + ac1 + c2 + ac2
Análogamente, la demanda social de bienes de consumo, de

v1 + p1 + v2 + p2,
se convierte en:

v1 + r1 + av1 + v2 + r2 + av2

De modo que las condiciones necesarias para la reproducción ampliada pueden ser formuladas así:[22]

P1 = c1 + ac1 + c2 + ac2
P2 = v1 + r1 + av1 + v2 + r2 + av2
o:
c2 + ac2 = v1 + r1 + av1

La crítica de Rosa Luxemburg a los esquemas de Marx[23]
Rosa Luxemburg mostró que una comparación de la fórmula para la reproducción simple con la de la reproducción ampliada producía una paradoja.

En el caso de la reproducción simple c2 debe ser igual a v1 + p1. En el caso de la reproducción ampliada, c2 + ac2 debe ser igual a v1 + r1 + av1. Ahora bien, v1 + r1 + av1 son más pequeños que v1+ p1 (puesto que ac1 se deduce de p1).

Así que si se alcanzara el equilibrio bajo las condiciones de la reproducción simple, la transición a la reproducción ampliada demandaría no solamente no acumulación en el sector II, sino la absurda posición de la desacumulación.

No es accidental, dijo Rosa, que cuando Marx usó esquemas para ilustrar la reproducción ampliada, le diera a c2 una cifra menos que la que usaba para ilustrar la reproducción simple.[24]

"Esquema de la reproducción simple
I 4000c + 1000v + 1000p = 6000
II 2000c + 500v + 500p = 3000
Total 9000

Esquema inicial para la reproducción a escala ampliada
I 4000c + 1000v + 1000p = 6000
II 1500c + 750v + 750p = 3000
Total 9000"

Así, el capital constante del sector II es 500 unidades menor en la reproducción ampliada que en la simple. Marx continúa elaborando el esquema de reproducción ampliada y muestra que, suponiendo que tanto en el sector I como en el sector II no tuviera lugar ningún cambio en la composición orgánica del capital (es decir, en la razón capital constante sobre variable), que la tasa de explotación permaneciera constante y que la mitad de plusvalía del sector I se capitalizara, la reproducción del capital resultaría en la siguiente progresión:[25]

Primer año
I 4400c + 1100v + 1100p = 6600
II 1600c + 800v + 800p = 3200
Total 9800
Segundo año
I 4840c + 1210v + 1210p = 7260
II 1760c + 880v + 880p = 3520
Total 10780
Tercer año
I 5324c + 1331v + 1331p = 7986
II 1936c + 968v + 968p = 3872
Total 11858
Cuarto año
I 5856c + 1464v + 1464p = 8784
II 2129c + 1065v + 1065p = 4259
Total 13043
Quinto año
I 6442c + 1610v + 1610p = 9662
II 2342c + 1172v + 1172p = 4686
Total 14348

Analizando estos esquemas, Rosa señaló correctamente una peculiaridad que muestra: "Mientras en el sector I la mitad de la plusvalía se capitaliza todas las veces y la otra mitad se consume, de modo que hay una expansión ordenada tanto de la producción como del consumo personal de los capitalistas, el proceso correspondiente en el sector II sigue el siguiente curso errático:

Se capitalizan Se consumen
1° año 150 600
2° año 240 560
3° año 264 616
4° año 290 678
5°año 320 745

Y agrega: "no es necesario decir que las cifras absolutas de los esquemas son arbitrarias en todas las ecuaciones; eso no disminuye su valor científico. Son las razones cuantitativas las relevantes, puesto que se supone que expresan relaciones estrictamente determinadas. Esas reglas lógicas precisas que afirman las relaciones de acumulación en el sector I, parecen haber sido ganadas al costo de cualquier tipo de principio en la construcción de estas relaciones para el sector II, y esta circunstancia exige una revisión de las conexiones inmanentes reveladas por el análisis."

"Aquí no se pone en evidencia ninguna regla a seguir por la acumulación y el consumo; ambos están totalmente subordinados a los requerimientos de la acumulación en el sector I." (Acc. p122).

En lo que respecta al progreso de la reproducción ampliada, si suponemos que tanto en el sector II como en el sector I había una expansión ordenada de la acumulación de capital y del consumo personal de los capitalistas, tendría que haber aparecido un desequilibrio creciente entre ambos sectores.

De esta manera Rosa mostraba claramente que si determinadas reglas lógicas subyacían para las relaciones de acumulación en el sector I, estas reglas podían "haber sido ganadas al costo de cualquier tipo de principio al construir estas relaciones para el sector II"; o de otro modo, si las mismas reglas lógicas que habían sido aplicadas en el sector I eran aplicadas a las relaciones de acumulación en el sector II, aparecería y crecería progresivamente un desequilibrio en forma de super-producción del sector II.

Será ahora muy fácil demostrar, si se toma como punto de partida para la reproducción ampliada, que el capital cons-tante en el sector II no es 500 unidades menor que en la reproducción simple, que tendría que haber habido desequi-librio entre el sector I y el sector II: la demanda de medios de consumo del sector I debía haber sido 500 unidades menor al comienzo del proceso que el suministro disponible de medios de consumo en busca de cambio en el sector II: debía haber habido superproducción de bienes de consumo por el valor de 500 al comienzo del proceso de reproducción ampliada.

Si Rosa no hubiera hecho abstracción de un número de otros factores, tales como el de la tasa de explotación y el cre-cimiento en la composición orgánica del capital, su argumen-to hubiera sido aún más sólido. Es muy fácil probar que si la tasa de explotación aumenta, de tal modo que la razón entre plusvalía y salarios (p:v) sea una razón creciente, la demanda relativa de bienes de consumo como contraria de los bienes de producción declinará, y por lo tanto la tasa de acumula-ción en el sector II seria aun más errática que en los esquemas de Marx, o aparecerían excedentes crecientes en el sector II. Cualquier aumento en la porción de la plusvalía acumulada operaría en la misma dirección, lo mismo que cualquier cre-cimiento de la composición orgánica del capital.

Las tres tendencias arriba mencionadas -el aumento de la tasa de explotación, el aumento de la tasa de acumulación y el aumento de la composición orgánica del capital- fueron supuestas por Marx como leyes absolutas e inminentes del capitalismo.

Si fueran tenidas en cuenta, se vería seriamente consolidada la pretensión de Rosa de que bajo el capitalismo puro el desequilibrio económico es un fenómeno absoluto, inevitable y permanente.

Una crítica de esta crítica

No obstante, hay un factor importante que elimina todos los factores arriba mencionados y está conectado con ellos desde un punto de vista inmanente: el aumento en el peso relativo del sector I en comparación con el sector II. El aumento de la composición orgánica del capital, el progreso de la técnica, ha estado histórica y lógicamente conectado con el aumento del sector I respecto del sector II.

Así, se calculó que la razón entre la producción neta de los bienes de capital y el de los bienes de consumo en Inglaterra, fue como sigue: 1851, 100:470; 1871, 100: 390; 1901, 100: 170; 1924, 100:150.

Las cifras para los Estados Unidos fueron: 1850, 100:240; 1890, 100:150; 1920, 100:80.

Las cifras para el Japón: 1900, 100:480; 1913, 100:270; 1925, 100:240. (W. S. y E. S. Woytinsky, World population and production, Nueva York, 1953, págs. 415-416). Para mostrar que el aumento del sector I comparado con el del sector II contradice los factores mencionados por Rosa (del mismo modo que aquellos agregados por el que escribe, para consolidar el argumento de Rosa acerca de la tendencia de superproducción del sector II), serán dadas algunas representaciones esquemáticas del efecto del cambio en el peso relativo del sector I al sector II en la relación de cambio entre los dos sectores.

El capital invertido en el sector I puede crecer comparativamente respecto del sector II de dos maneras:

1. teniendo una tasa de acumulación más alta en el sector I que en el sector II;

2. por la transferencia de capital del sector II al sector I.

Daremos un ejemplo esquemático para cada uno de estos dos procesos.

Supongamos que la tasa de acumulación en el sector I es más alta que en el sector II; digamos, la mitad de la plusvalía del sector I comparada con solamente un tercio del sector II. Supondremos también que los otros factores (la tasa de explotación al cien por ciento, la composición orgánica del capital en la que el capital constante es cinco veces mayor que el capital variable) permanecen invariables. Luego, usando el esquema de Marx arriba citado como punto de partida, la reproducción del capital resultará en la siguiente progresión (las cifras han sido redondeadas para simplificar):

Punto de partida:
I 5000c + 1000v + 1000p = 7000
II 1500c + 300v + 300p = 2100
Al fin del primer año:
I 5000c + 1000v + 500r + 417ac + 83av = 7000
II 1500c + 300v + 200r + 80ac + 20av = 2100
c2+ac2 = 1580,
mientras v1 + r1 + av1 = 1583

Así, al final del primer año en lugar de un excedente en el sector II como presumía Rosa, aparece un excedente en el sector I, cuyo total asciende a 3.

Al final del segundo año:
I 5417c + 1083v + 541r + 450ac + 90av = 7583
II 1580c + 320v + 213r + 90ac + 18av = 2220
c2 + ac2 = 1670
mientras v1 + r1 + av1 = 1714
El excedente en el sector I es ahora de 44.
Al final del tercer año:
I 5867c + 1173v + 586r + 489ac + 98av = 8213
II 1670c + 338v + 225r + 94ac + 19av = 2346
c2 + ac2 = 1764,
mientras v1 + r1 + ac1 = 1857
El excedente en el sector I es ahora de 93.

De la observación de los esquemas arriba expuestos, queda claro que si suponemos que la tasa de explotación y la composición orgánica del capital permanecen inalteradas, mientras la tasa de acumulación en el sector I es más alta que en el sector II, aparece una superproducción en el sector I.[26]

Como lo hemos dicho más arriba, el sector I puede crecer en relación con el sector II también por la transferencia de plusvalía del sector II al sector I.

Ilustremos este proceso con un esquema. Supondremos que la tasa de explotación, la composición orgánica del capital y la tasa de acumulación son las mismas en ambos sectores y permanecen inalteradas. Al mismo tiempo, supondremos que la mitad de la plusvalía producida en el sector II se transfiere al sector I.

La progresión de la reproducción ampliada podría ser descrita entonces por los esquemas siguientes:

I 5000c + 1000v + 1000p = 7000
II 1500c + 300v + 300p = 2100
Fin del primer año:
I 5000c + 1000v + 500r + 417ac + 83av = 7000
II 1500c + 300v + 150r + 63ac + 12av (más la plusvalía transferida al sector I: 63ac + 12av) = 2100
c2 + ac2 = 1563, mientras
v1 + r1 + av1 (más av transferido del sector II) = 1595

Así, al fin del primer año, en lugar de un surplus en el sector II, como suponía Rosa, nos encontramos con una superproducción en el sector I, que llega a 32.

Fin del segundo año:
I 5480c + 1095v + 547r + 455ac + 91av = 7670
II 1563c + 312v + 156r + 65ac + 13av (más la plusvalía transferida al sector I: 65ac + 13av) = 2187
c2 + ac2 = 1628, mientras
v1 + r1 + av1 (más av transferido del sector II) = 1746
El surplus en el sector I es 118.
Fin del tercer año:
I 6000c + 1200v + 600r + 500ac + 100av = 8400
II 1628c + 325v + 162r + 67ac + 14av (más la plusvalía transferida al sector I:67ac + 14av) = 2278
c2 + ac2 = 1695
mientras v1 + r1 + av1 (más av transferido del sector II) = 1914
El surplus en el sector I es 219.

Esta vez, Rosa polemiza contra la idea de que la transferencia de la plusvalía de un sector al otro puede lograr un intercambio equilibrado entre ambos; la "intentada transferencia de parte de la plusvalía capitalizada del sector II al sector I, está descartada, en primer lugar porque la forma material de esta plusvalía es obviamente inútil al sector I, y en segundo lugar por las relaciones de intercambio entre los dos sectores, que pueden necesitar en su momento una transferencia equivalente de los productos del sector I al sector II." (Acc.) En otras palabras, Rosa arguye que el esquema de Marx está basado en la presunción de que la realización de la plusvalía sólo puede tener lugar mediante un intercambio entre los sectores, y en segundo lugar, que el presunto excedente en el sector II toma una forma natural, es decir, sigue siendo medio de consumo, y no puede servir directamente como medio de producción. El primer argumento fracasa debido al hecho de que el intercambio entre empresas del mismo sector puede servir para realizar la plusvalía: cuando el dueño de una fábrica de sombreros vende sus sombreros a obreros que producen galletas, realiza la plusvalía producida por sus obreros. En segundo lugar, un gran número de bienes de consumo también pueden servir como medios de producción: si un contratista de obra construye fábricas en lugar de pisos, esto significa la transferencia de capital del sector II al sector I: la electricidad puede servir tanto para iluminar pisos como para poner maquinaria en movimiento; los cereales pueden alimentar al hombre (consumo) tanto como a los cerdos (consumo productivo), etc. En tercer lugar, sin la posibilidad de transferencia de capital de un sector al otro, el postulado de que la tasa de beneficio de toda la economía tiende a la igualdad, lo que es básico para la economía marxista, pierde su fundamento.

A partir de los esquemas dados, se hace claro que un aumento relativo del sector I con respecto al sector II, si todas las otras condiciones permanecen invariables, arrastra excedentes en las relaciones de intercambio del sector I.

¿Puede este factor no contradecir al señalado por Rosa como la causa de un excedente en el sector II? ¿No son acaso los diferentes factores contradictorios las dos caras de una misma moneda, el progreso de la economía capitalista? Por supuesto que es así.

Rosa llegó a la conclusión de que debía aparecer un excedente en el sector II porque ella solo tenía en cuenta una cara de la moneda. Considerando ambas caras, se hace claro que es posible que en el capitalismo puro exista la proporcionalidad entre los dos sectores, mientras la acumulación en ambas es regular, no errática.

Sin embargo, la posibilidad teórica de la conservación de las correctas proporcionalidades entre los dos sectores -que evitará la superproducción por su intercambio mutuo mientras la acumulación avanza en un mar sereno- no significa que en la vida real el funcionamiento anárquico y atomizado del capitalismo conduzca a la necesaria preservación continua y estable de las proporcionalidades. Aquí se hace sumamente importante el factor señalado por Rosa: la existencia de formaciones no capitalistas en las que se expande el capitalismo. Si no es un prerrequisito para la reproducción ampliada, como sostenía Rosa, es, por lo menos, un factor que facilita el proceso de la reproducción ampliada, de la acumulación, haciendo la interdependencia de los dos sectores menos que absoluta. No podemos dejar de estar de acuerdo con Rosa cuando dice: "La acumulación es más que la relación interna entre los sectores de la economía capitalista"; como resultado de la relación entre el medio capitalista y el no capitalista "los dos grandes sectores de la producción, algunas veces cumplen el proceso acumulativo independientemente el uno del otro pero, aun así, a cada paso los movimientos se superponen e interceptan. A partir de esto obtenemos relaciones más complicadas, divergencias en la velocidad y sentido de la acumulación en ambos sectores, diferentes relaciones con los modos de producción no capitalistas, tanto en lo relativo a elementos materiales como a elementos de valor." (Acc.).

De hecho, el número de factores que determinan si ciertas proporcionalidades entre los sectores conducen o no al equilibrio, son muy numerosos y contradictorios (la tasa de explotación, la tasa de acumulación en diferentes industrias, el cambio en la composición orgánica del capital en diferentes industrias, etc.) y, una vez que la economía abandona el estado de equilibrio, lo que antes era proporcionalidad se vuelve desproporcionalidad con efecto de bola de nieve. Así, el intercambio entre la industria capitalista y la esfera no capitalista, por pequeño que sea en términos absolutos, puede tener efecto sobre la elasticidad y en consecuencia sobre la estabilidad del capitalismo.

El mercado restringido del capitalismo

En su libro, Rosa va alternando entre el análisis de los esquemas de reproducción -que describen la relación de intercambio entre los dos sectores de la industria- y el otro sistema de relaciones entre los dos sectores: la potencialidad de los medios de producción de convertirse en medios de consumo, siendo los medios de producción no solamente cambiados

por medios de consumo, sino también en su momento realizados en nuevos medios de consumo. Las proporcionalidades
expresadas en los esquemas de Marx son condiciones sin las
que la acumulación no puede tener lugar; pero con el fin de la
acumulación realmente tenga lugar es necesaria una demanda
progresivamente ampliada de mercancía, y la pregunta que
surge es: ¿de dónde viene esta demanda?

La prosperidad capitalista depende del creciente rendimiento y absorción de los bienes de capital. Pero, en último
análisis, esto depende de la capacidad la industria para vender
la creciente producción total de bienes de consumo. De todos
modos, al tratar de vender sus productos la industria capitalista entra en contradicciones cada vez mas profundas, siendo
la fundamental la que existe entre la producción y el mercado
limitado: "La razón última de todas las crisis reales es siempre
la pobreza y la limitación del consumo de las masas frente a la
tendencia de la producción capitalista a desarrollar las fuerzas
productivas como si no tuviesen más límite que la capacidad
absoluta de consumo de toda la sociedad."[27]

Rosa argumentaba que el factor que posibilitaba al capitalismo liberarse del impedimento absoluto para la acumulación,
representado por el mercado restringido, era la penetración
de la industria capitalista en los territorios no-capitalistas.[28]

Otros efectos económicos del imperialismo

Rosa Luxemburg dirigió su atención -más que cualquier
economista marxista o no marxista- al efecto de la frontera
no capitalista sobre el capitalismo. Ateniéndose a este factor
-aunque ella misma no haya desarrollado todas sus conse-
cuencias- podemos tratar de resumir el efecto de la expansión

del capitalismo en territorios no capitalistas de la siguiente manera:

1. Los mercados de los países coloniales atrasados, al elevar la demanda de mercancías de los países industriales, debilitan allí la tendencia a la superproducción, disminuyen el ejército industrial de reserva, y en consecuencia crean una mejora en los salarios de los trabajadores de los países industriales.

2. El aumento de salarios producido de esta manera tiene un efecto acumulativo. Al aumentar el mercado interno en los países industriales se debilita la tendencia a la superproducción, disminuye el desempleo, se elevan los salarios.

3. La exportación de capital contribuye a la prosperidad de los países industriales -al menos temporalmente- al crear un mercado para sus mercancías. La exportación de artículos de algodón de Inglaterra a India presupone que India puede saldar directamente, por ejemplo exportando algodón. Por otro lado, la exportación de capital para la construcción de ferrocarriles presupone una exportación de mercancías -rieles, locomotoras, etc.- más allá del poder inmediato de compra, o del poder exportador de India. En otras palabras, por un tiempo la exportación de capital es un factor importante en la ampliación de mercados para las industrias de los países avanzados. Sin embargo, a su tiempo, este factor se transforma en su opuesto: el capital ya exportado pone un freno a la exportación, de mercancías del país "madre" después que los países coloniales comienzan a pagar utilidades o intereses sobre él. Para pagar una utilidad de diez millones de libras esterlinas a Gran Bretaña (sobre el capital británico invertido en India), India tiene que importar menos de lo que exporta, y de esa manera ahorrar el dinero necesario para llegar a los diez millones de libras. En

otras palabras, el acto de exportar capital de Gran Bretaña a India, expande el mercado para las mercaderías británicas; el pago de intereses y utilidades sobre el capital británico existente en India restringe el mercado para las mercancías británicas.

Así, la existencia de grandes inversiones de capital británico en el exterior, no excluye para nada la superproducción y el desempleo masivo en Gran Bretaña. Contrariamente al criterio de Lenin, la gran utilidad que da el capital invertido en el exterior puede muy bien no ser concomitante con la prosperidad capitalista y la estabilización en el país imperialista, sino un factor de desempleo masivo y depresión.

4. La exportación de capital a las colonias afecta a todo el mercado de capital en el país imperialista. Aun si el excedente de capital en búsqueda infructuosa de inversión fuera muy pequeño, su influencia acumulativa sería enorme, ya que crearía tensión en los mercados de capital, y vigorizaría la tendencia bajista de la tasa de ganancias. A su vez, esto tendría un efecto acumulativo propio sobre el movimiento de capitales, sobre toda la actividad económica, sobre el empleo, y así sobre el poder adquisitivo de las masas y así sucesivamente, en un círculo vicioso sobre los mercados.

La exportación del capital excedente puede obviar estas dificultades y puede de este modo ser de gran importancia para la prosperidad global del capitalismo, y en consecuencia para el reformismo.

5. Aliviando de esta manera la tensión en los mercados de capital, la exportación de capital atenúa la competencia entre diferentes empresas y reduce la necesidad de cada una de racionalizar y modernizar su equipo. (Esto, en alguna medida, explica el atraso técnico de la industria británica, pionera de

la revolución industrial, en comparación con la de la Alemania de hoy, por ejemplo.) Esto debilita las tendencias a la superproducción y el desempleo, a la reducción de los salarios, etc. (Por supuesto, en distintas circunstancias, en que Gran Bretaña ha dejado de ejercer un virtual monopolio en el mundo industrial, este factor puede muy bien producir la derrota de la industria británica en el mercado mundial, el desempleo y la reducción de los salarios.)

6. Comprar materia prima y víveres baratos en las colonias permite elevar los salarios reales en los países industriales, sin rebajar la tasa de ganancias. Este aumento de salarios significa ampliar el mercado interno sin una disminución de la tasa y de la cuantía de ganancias, es decir, sin debilitar el motor de la producción capitalista.

7. El período durante el cual los países coloniales agrarios sirven para extender los mercados de los países industriales se prolongará en proporción a:

a) la capacidad del mundo colonial en comparación con la capacidad productiva de los países industriales avanzados, y

b) el grado hasta el cual se pospone la industrialización del primero.

8. Todos los efectos benéficos del imperialismo sobre la prosperidad capitalista desaparecerían si no hubiera fronteras nacionales entre los países industriales imperialistas y sus colonias. Gran Bretaña exportó mercancías y capital a India e importó materias primas y víveres baratos, pero no permitió a los desempleados de India -que habían aumentado su numero por la invasión del capitalismo británico- entrar en el mercado de trabajo británico. Si no hubiera sido por la valla (financiera) a la inmigración masiva india a Gran Bretaña, los

salarios en Gran Bretaña no hubieran aumentado durante el último siglo. La crisis del capitalismo se hubiera hecho cada vez más profunda: el reformismo no hubiera podido reemplazar al cartismo revolucionario.[29]

En conclusión

Uno puede estar de acuerdo o no con la crítica de Rosa acerca de los esquemas de Marx en el volumen II de El Capital, lo mismo que con todos o algunos de los eslabones de la cadena de los razonamientos que la conducen a la conclusión final de que si el modo de producción capitalista era no sólo el predominante sino el único, en muy poco tiempo el capitalismo forzosamente tendría que sucumbir a raíz de sus contradicciones internas. Sea lo que fuere que uno piense, no es posible dudar del enorme servicio que prestó Rosa al llamar la atención acerca de los efectos de las esferas no capitalistas sobre la estabilidad del capitalismo. Como señala la profesora Joan Robinson en su introducción a la edición inglesa de La acumulación de capital: "... serán pocos quienes nieguen que la extensión del capitalismo en nuevos territorios fue el motivo principal de lo que un economista académico ha llamado «vasto boom secular» de los últimos años y muchos economistas académicos explican en gran medida la difícil condición del capitalismo en el siglo veinte por «el cierre de fronteras en todo el mundo.» (Acc). Joan Robinson mezcla el elogio a Rosa por su análisis con una crítica por no haber tenido en cuenta el aumento en los salarios reales que tenía lugar en todo el mundo capitalista -un factor que ampliaba el mercado- y haber mostrado, en consecuencia, un cuadro incompleto.

Sin embargo, aunque Rosa no incluyera este factor en su análisis -y el mismo es extraño a la línea principal de su ar-

gumento acerca de la posibilidad o imposibilidad de la reproducción ampliada en el capitalismo puro- no se puede
explicar el aumento de los salarios reales independientemente
del aspecto más distintivo que Rosa señaló: la expansión del
capitalismo en las esferas no capitalistas.[30]

Notas

20. En realidad, lo que se necesita para la reproducción simple es no solamente que se mantenga una cierta proporcionalidad entre la producción
del sector I y la del sector II en la economía total, sino que la proporcionalidad entre los sectores se mantenga también en cada rama de la economía.
Así por ejemplo, la producción de maquinaria para hacer ropas (sector I)
debe coincidir con la demanda que hace la industria del vestido de este tipo
de maquinaria (sector II).

21. Recuérdese que el producto es igual en valor al total del capital constante (c, máquinas, materias primas etc.) más capital variable (v, salarios),
más plusvalía (p). O sea: $P1 = c1 + v1 + p1$, y $P2 = c2 + v2 + p2$. Son estas
fórmulas, juntas con las citadas en el texto anterior, las que generan la que
sigue. (N. del T.)

22. Estas ecuaciones, que son formulaciones algebraicas del análisis de
Marx en el volumen II de El Capital, fueron formuladas por N. Bujarin en
Der Imperialismus und die Akkumulation das Kapitals (Berlín 1925) y las
encontramos muy útiles para sintetizar muchos de los ejemplos aritméticos
de Marx.

23. Antes de describir el análisis que hace Rosa de la reproducción, debe
quedar claro que ella no desarrolló una teoría explicando el movimiento
cíclico de auge, crisis y depresión. Suponía que los ciclos periódicos son
fases de la reproducción en la economía capitalista, pero no en el proceso
total. En consecuencia, en su análisis hizo abstracción de los ciclos, con el
fin de estudiar el proceso de reproducción en estado puro y como totalidad.
Así, escribe: "a pesar de las pronunciadas alzas y bajas en el curso de un
ciclo, a pesar de las crisis, las necesidades de la sociedad más o menos se
satisfacen siempre, la reproducción sigue su complicado curso, y las capacidades productivas se desarrollan progresivamente. ¿Cómo es posible que
esto ocurra aún dejando de lado ciclos y crisis? Aquí comienza la verdadera

cuestión... Cuando hablemos de la reproducción capitalista en la siguiente exposición, siempre entenderemos por tales términos un volumen medio de productividad, que es un promedio extraído de las diversas fases de un ciclo." (Acc. p66-37).

24. Marx, *El Capital* (Akal, 1977) Libro II, tomo II, p220.

25. Idem, pp222-225.

26. El argumento de Rosa contra esta idea de una tasa más alta de acumulación en el sector I que en el sector II es absolutamente erróneo. No tenemos espacio paro tratarlo aquí. El lector debería consultar la fuente.

27. Marx, *El Capital* (Akal, 1977) Libro III, tomo II, p205.

28. Una respuesta "marxista" diferente para el dilema capitalista fue dada por Otto Bauer en su crítica del libro de Rosa. Usando esquemas de reproducción mucho más complicados que los de Marx o los de Rosa, trató de probar que "la acumulación de capital se adapta al aumento de la población"; "el ciclo periódico de prosperidad, crisis y caída de valores es una expresión empírica del hecho de que el aparato capitalista de producción supera automáticamente la acumulación demasiado grande o demasiado pequeña, adaptando nuevamente la acumulación de capital al aumento de población." (NZ, 1913, pág. 871). Y esto no lo dice un discípulo de Malthus, sino de Marx, para quien el factor primario tendría que ser la acumulación de capital y no el aumento de la población.

29. De paso, el "tercer" comprador -ni trabajador ni consumidor capitalista- no debe ser necesariamente el productor no capitalista, sino el Estado no productivo; así la permanente economía de guerra, al menos por una vez, puede tener un efecto similar sobre la prosperidad capitalista al de la esfera económica no capitalista. (Véase T. Cliff, "Perspectives of the Permanent War Economy", *Socialist Review*, mayo de 1957.)

30. En su demostración Rosa cometió un número de errores laterales que fueron descubiertos posteriormente por N. Bujarin en su *Der Imperialismus und die Akkumulation des Kapitals* pese a que no desaprobaba su tesis central (aunque él creyera que sí). Así, por ejemplo, Rosa dedicó mucha atención a problemas puramente monetarios de la acumulación de capital: si, por ejemplo, habría que incluir la producción de elementos monetarios (oro, plata, etc.) en el sector I, como hacía Marx, o, como

proponía ella, agregar una tercera sector. Parece que en varios lugares de su libro, Rosa confunde la pregunta "¿De dónde viene la demanda?" con la pregunta "¿De dónde viene el dinero?" Pero como esto sólo tiene importancia secundaria para su tesis principal, no lo trataremos aquí. Nuevamente, si seguimos cuidadosamente el razonamiento de Rosa acerca de los esquemas de reproducción, debemos decir que el peso de su argumento es que una porción de la plusvalía de el sector II no puede realizarse bajo el capitalismo puro, mientras que ella misma sintetiza su argumento como si hubiera probado que bajo el capitalismo puro no hay lugar para ninguna realización de cualquier porción de la plusvalía. (Esto fue señalado por P. Sternberg, en *Der Imperialismus*, Berlín, 1926, pág 102).

Capítulo 9 El lugar de Rosa Luxemburg en la historia

Franz Mehring, el biógrafo de Marx, no exageraba cuando llamaba a Rosa el mejor cerebro después de Marx. Pero ella no sólo aportó su cerebro al movimiento de la clase trabajadora: dio todo lo que tenía -su corazón, su pasión, su fuerte voluntad, su vida misma-.

Rosa fue, sobre todo, una socialista revolucionaria. Y entre los grandes líderes y maestros socialistas revolucionarios tiene un lugar histórico propio.

Cuando el reformismo degradó al movimiento socialista al aspirar meramente al "estado de bienestar", regateando con el capitalismo, se tornó de fundamental importancia hacer una crítica revolucionaria de este servidor del capitalismo. Es verdad que otros maestros del marxismo -Lenin, Trotsky, Bujarin, etc.- también llevaron adelante una lucha revolucionaria contra el reformismo. Pero tenían un frente limitado contra el cual luchar. En Rusia, su país, las raíces de esta mala hierba eran tan débiles y delgadas, que podían arrancarse de un tirón. Donde a la vista de cada socialista o demócrata estaba Siberia o la horca, ¿quién podía oponerse, en principio, al uso de la violencia por parte del movimiento obrero? ¿Quién, en la Rusia zarista, hubiera podido soñar con una vía parlamentaria hacia el socialismo? ¿Quién podía abogar por una política de gobierno de coalición, ya que no había con quién hacerla? Donde apenas existían sindicatos, ¿Quién podía pensar en considerarlos la panacea del movimiento obrero? Lenin, Trotsky y los demás líderes bolcheviques rusos no necesitaban contradecir los argumentos del reformismo con un análisis esmerado y preciso. Todo lo que necesitaban era una escoba para barrerlo al estercolero de la historia.

En Europa Central y Occidental, el reformismo conservador tenía raíces mucho más profundas, una influencia mucho más amplia sobre los pensamientos y manera de ser de los trabajadores. Los argumentos de los reformistas tenían que ser contestados por otros mejores, y en esto Rosa fue excelente. En estos países su escalpelo es un arma mucho más útil que el mazo de Lenin.

En la Rusia zarista, los trabajadores no estaban organizados en partidos o sindicatos. Allí no había tal amenaza de que se construyeran poderosos imperios por una burocracia ascendente de la clase trabajadora, como en los movimientos obreros bien organizados de Alemania, y era natural que Rosa tuviera una visión más temprana y clara del papel de la burocracia obrera que Lenin o Trotsky. Comprendió mucho antes que la única fuerza que podía abrirse paso en la maraña de la burocracia era la iniciativa de los trabajadores. Sus escritos sobre este asunto pueden servir de inspiración a los trabajadores de los países industriales avanzados, y son una contribución más valiosa a la lucha por liberar a los trabajadores de la perniciosa ideología del reformismo burgués que los de cualquier otro marxista.

En Rusia, donde los bolcheviques siempre fueron una parte grande e importante de los socialistas organizados -aun cuando no siempre fueran, como su nombre indica, la mayoría- nunca surgió verdaderamente como problema la cuestión de la actividad de una pequeña minoría marxista hacia una organización de masas conducida de forma conservadora. Le demandó mucho tiempo a Rosa desarrollar la correcta aproximación a esta cuestión vital. El principio que la guiaba era: estar con las masas en todos sus afanes, y tratar de ayudarlas. Por eso se opuso al abandono de la corriente principal del movimiento obrero, cualquiera que fuera su grado de desarrollo. Su lucha contra el sectarismo es sumamente importante para el movimiento obrero de Occidente, especialmente hoy, cuando la sociedad de bienestar constituye un sentimiento tan penetrante. El movimiento obrero británico en particular, que ha sufrido el sectarismo de Hyndman y el SDF, más tarde el BSP y el SLP, luego el CPGB (especialmente en su "tercer período") y ahora otras sectas, puede inspirarse en Rosa Luxemburg para establecer una lucha escrupulosa contra el reformismo que no degenere en una huida de él. Ella enseñó que un revolucionario no debe nadar con la corriente del reformismo, ni sentarse a la orilla y mirar en la dirección opuesta, sino nadar en su contra.

La concepción de Rosa Luxemburg, acerca de las estructuras de las organizaciones revolucionarias -que debían construirse de abajo hacia arriba, sobre una base consistentemente democrática-, se adapta a las necesidades de los movimientos de los trabajadores en los países avanzados mucho más estrechamente que la concepción de Lenin de 1902 a 1904, que los estalinistas de todo el mundo copiaron, agregando un toque burocrático.

Ella comprendió más claramente que nadie que la estructura del partido revolucionario y las relaciones mutuas entre el partido y la clase tendrían gran influencia, no sólo en la lucha contra el capitalismo y para el poder de los trabajadores sino también sobre el propio destino de este poder. Estableció proféticamente que sin la más amplia democracia de los trabajadores, "funcionarios detrás de su escritorio" tomarían el poder político de manos de los trabajadores. Dijo: "el socialismo no se puede otorgar o implantar por medio de un decreto".

Su combinación de espíritu revolucionario y clara comprensión de la naturaleza del movimiento obrero en Europa Occidental y Central estaba relacionada, de alguna manera, con su particular marco de nacimiento en el Imperio Zarista, su larga residencia en Alemania y su plena actividad en los movimientos obreros polaco y alemán. Cualquiera de menor estatura se hubiera asimilado a uno de ambos ambientes, pero no Rosa Luxemburg. A Alemania llevó el espíritu "ruso", el espíritu de la acción revolucionaria. A Polonia y Rusia llevó el espíritu "occidental" de confianza, democracia y autoemancipación de los trabajadores.

La acumulación de capital es una importantísima contribución al marxismo. Al ocuparse de las mutuas relaciones entre los países industriales avanzados y los países agrarios atrasados, puso de relieve la importante idea de que el imperialismo, al mismo tiempo que estabiliza al capitalismo por un largo período, amenaza enterrar a la humanidad bajo sus ruinas.

Su interpretación de la historia -que ella concebía como el fruto de la actividad humana- era vital, dinámica y no fatalista, y al mismo tiempo ponía al desnudo las profundas contradicciones del capitalismo, así que Rosa no consideraba que la victoria del socialismo fuera inevitable. Pensaba que el capitalismo podía ser tanto la antesala del socialismo como de la barbarie. Quienes vivimos a la sombra de la bomba H debemos interpretar esta advertencia y usarla como acicate para la acción.

A fines del siglo diecinueve y principios del veinte, el movimiento obrero alemán, con décadas de paz tras de sí, se dejó estancar bajo una ilusión de perenne continuación de esta situación. Quienes presenciamos las negociaciones acerca del desarme controlado, la ONU, las Conferencias Cumbre..., lo mejor que podemos hacer es aprender del claro análisis de Rosa sobre los inquebrantables lazos entre la guerra y el capitalismo, y su insistencia en que la lucha por la paz es inseparable de la lucha por el socialismo.

Su pasión por la verdad, hizo que Rosa apartara con repugnancia cualquier pensamiento dogmático. En el período en que el estalinismo ha transformado en gran parte al marxismo en su dogma, extendiendo la desolación en el campo de las ideas, los escritos de Rosa son vigorizantes y vitalizadores. Para ella no había nada más intolerable que inclinarse ante las "autoridades infalibles". Como verdadera discípula de Marx, era capaz de pensar y actuar independientemente de su maestro. Aunque se apoderó del espíritu de sus enseñanzas, Rosa no perdió sus propias facultades críticas en una simple repetición de las palabras de Marx, se ajustaran o no a la distinta situación, fueran correctas o equivocadas. La independencia de criterio de Rosa es la más grande inspiración para todos los socialistas, en cualquier lugar y momento. En consecuencia, nadie censuraría con mayor fuerza que ella misma cualquier intento de canonizarla, de convertirla en una "autoridad infalible", en conductora de una escuela de pensamiento o acción. Rosa gustaba mucho de los conflictos de ideas como medios de aproximación a la verdad.

En un período en que tantos que se consideran a sí mismos marxistas privan al marxismo de su profundo contenido humanístico, nadie puede hacer más que Rosa Luxemburg para liberarnos de las cadenas del exánime materialismo mecanicista. Para Marx, el comunismo (o socialismo) era un "verdadero humanismo", "una sociedad en la que el pleno y libre desarrollo de cada individuo es el principio gobernante" (El Capital). Rosa Luxemburg fue la personificación de estas pasiones humanistas. La principal razón de su vida fue la simpatía hacia los humildes y oprimidos. Su profunda emoción y sentimientos para con los sufrimientos del pueblo y de todos lo seres vivos están expresados en todo lo que ella dijo o escribió, tanto en sus cartas desde la prisión como en los escritos más profundos de su investigación teórica.

Rosa sabía muy bien que allí donde la tragedia humana se da en escala épica, las lágrimas no ayudan. Su lema, como el de Spinoza, podría haber sido: "No llores, no rías, sino comprende", aunque ella misma tuvo su parte de lágrimas y de risas. Su método fue revelar las tendencias del desarrollo de la vida social, con el fin de ayudar a la clase trabajadora a usar su potencialidad de la mejor manera posible, en conjunción con el desarrollo objetivo. Apeló a la razón del hombre, más que a su emoción.

En Rosa Luxemburg se unieron una profunda simpatía humana y un serio anhelo por la verdad, un desatado denuedo y un cerebro de primera línea, para hacer de ella una revolucionaria socialista. Como expresó Clara Zetkin, su íntima amiga en su despedida fúnebre: "En Rosa Luxemburg la idea socialista fue una pasión dominante y poderosa del corazón y del cerebro; una pasión verdaderamente creativa que ardía incesantemente. La principal tarea y la ambición dominante de esta sorprendente mujer, fue preparar el camino para la revolución social, desbrozar la senda de la historia para el socialismo. Su máxima felicidad fue experimentar la revolución, luchar en todas sus batallas. Consagró toda su vida y todo su ser al socialismo con una voluntad, determinación, desprendimiento y fervor que no pueden expresar las palabras. Se entregó plenamente a la causa del socialismo, no sólo con su trágica muerte, sino durante toda su vida, diariamente y a cada minuto, a través de las luchas de muchos años... Fue la afilada espada, la llama viviente de la revolución".

www.ingramcontent.com/pod-product-compliance
Lightning Source LLC
Chambersburg PA
CBHW022338280326
41934CB00006B/683